DIE VIELEN GESICHTER

HERMANN HESSES

Ein Dichter
im Urteil seiner Zeitgenossen
von damals bis heute

EDITION ISELE

# Impressum

Alle Rechte vorbehalten
© by Edition Isele, Eggingen 1996
Umschlag- und Buchgestaltung, Satz:
Thomas & Thomas Design, Heidesheim
Lithos: Printshop Schimann, Pfaffenhofen/Ilm
Druck: Fuldaer Verlagsanstalt, Fulda
ISBN 3-86142-078-3

## BILDNACHWEISE

Editions-Archiv des Herausgebers Volker Michels:
S. 1, 9, 10, 12, 13, 14, 15, 16, 17, 18, 19 20, 21,
23, 35, 44, 48, 49 50, 51, 52, 74, 76, 77, 79, 80,
81, 82, 83, 85, 86, 87, 88, 89, 92, 93, 94, 96

Isa Hesse, Zürich: S. 32, 84

Heiner Hesse, Arcegno: S. 97, 98 99, 100, 101, 102,
103, 104, 105, 106, 107, 108, 109, 110, 111, 112

Photo Martin Hesse, Bern: S. 6, 22, 24, 25, 26, 27,
28, 29, 30, 31, 33, 34, 36, 37, 38, 39, 41, 43, 47,
78, 81, 90

Suhrkamp Verlag, Frankfurt am Main: S. 4

*Eine der fast hundert Brillen,
die sich nach seinem Tod im Schreibtisch
des zeitlebens augenleidenden Dichters fanden.*

# Inhalt

Zu den interessantesten und unerforschtesten Kapiteln in der Kulturgeschichte des ausgehenden Jahrhunderts gehört die beispiellose posthume Wirkung Hermann Hesses. Die Auguren der Literaturwissenschaft, zu deren Lieblingsbeschäftigung es gehört, über die »Nachweltfähigkeit« der Gegenwartsliteratur zu spekulieren, befällt jedoch stets ein betretenes Schweigen, sobald – selten genug – ein solcher Fall tatsächlich einmal eintritt. Dann ist das Thema plötzlich tabu. Denn selten sind es ihre eigenen Favoriten, für die sich die Nachwelt entscheidet, sondern es zeigt sich, daß auch akademische Prognosen meistens einem Wunschdenken entspringen und die Menschen ganz andere Bedürfnisse haben, als es sich die Bescheidwisser träumen ließen. Und weil auch unter Intellektuellen nichts schwerer ist als Irrtümer und Versäumnisse einzugestehen, muß, statt ein solches Phänomen zu ergründen, was man nicht wahrhaben will, zunächst einmal ausgeblendet werden. Dann wird noch eine Weile polemisiert, bagatellisiert und totgeschwiegen, bis schließlich eine neue Generation dem Spuk ein Ende macht, die Trends von gestern vergessen und samt ihren Tonangebern ausgestorben sind.

Der Fall Hermann Hesse ist ein Paradebeispiel für diese offenbar sehr deutsche Art des philologischen Umgangs mit Literatur. Erst wenn ein Dichter den Mißständen der Gegenwart nicht mehr gefährlich werden kann, wird er respektiert und von einer Randerscheinung zum Klassiker erhoben, und plötzlich mit einem Heiligenschein versehen, der um so strahlender ist, je umstrittener der Autor einmal war.

Ginge es in den Geisteswissenschaften mit rechten Dingen, oder wenigstens so zu wie in den Naturwissenschaften, würde also ein grenzüberschreitendes Phänomen im selben Verhältnis erforscht, wie es seiner realen Bedeutung entspricht, dann müßten Schriftsteller wie Thomas Mann, Hermann Hesse und Stefan Zweig auch in unseren Medien bereits heute zu den am besten gekannten und meistdiskutierten gehören. Das ist aber keineswegs oder bisher einzig bei Thomas Mann der Fall. Dabei haben Hermann Hesses Bücher in den letzten 25 Jahren mittlerweile auch im deutschen Sprachraum eine Gesamtauflage von mehr als 17 Millionen Exemplaren erreicht, während die Weltauflage demnächst die 100 Millionen-Marke überschreitet. Die neueste Statistik des »Index translatorium« der UNESCO verzeichnet Hermann Hesse als den meistübersetzten deutschsprachigen Dichter seit den Gebrüdern Grimm (»Kinder- und Hausmärchen«). Inzwischen steht sein Werk nun auch in Rußland und China, nach jahrzehntelanger Ausgrenzung durch die kommunistische Kulturpolitik, vor einer Rezeptionswelle, wie wir sie bisher nur in Japan, Korea, den USA und Lateinamerika erlebt haben. Kein Autor des 20. Jahrhunderts hat bereits kurz

*Hermann Hesse*
*vor seinem Haus*
*in Montagnola 1937,*
*Photo: Martin Hesse.*

nach seinem Tod so viele Renaissancen erlebt und gesellschaftliche Reformbewegungen beeinflußt.

Wo immer in den letzten Jahrzehnten alternative Strömungen entstanden, wurde Hesse gelesen. Es begann in den sechziger Jahren, als er von den amerikanischen Vietnamkriegsgegnern als Identifikationsfigur der Hippiebewegung entdeckt wurde. Hesses Diktum, daß »heute die politische Vernunft« nicht mehr dort anzutreffen sei, »wo die politische Macht liegt, daß ein Zustrom von Intelligenz und Intuition aus nichtoffiziellen Kreisen kommen muß, wenn Katastrophen verhindert werden sollen«, ließ ihn zu einem Schrittmacher der APO werden. Sein ganzheitliches, gegen das expansive Rentabilitätsdenken gerichtete Weltbild machte ihn bald darauf zum Vorläufer der New Age-Bewegung und der Erziehungsreformen, während er heute als einer der geistigen Väter der Ökologie- und Umweltinitiativen verstanden wird. Längst beschränkt sich Hesses Wirkung nicht mehr auf die Altersgruppe der 15- bis 35jährigen, die nach wie vor mehr als die Hälfte seiner Leserschaft ausmachen, sondern sein Einfluß durchdringt mittlerweile alle Altersschichten und gesellschaftlichen Gruppierungen, vom Jugendlichen bis zum Rentner, vom Handwerker bis in die akademischen Berufe. Mediziner, Psychologen, Politiker, Soziologen, Theologen und Zukunftsforscher sind es, die seinem

Werk neue Impulse verdanken. Aber auch Leistungssportler, wie die Olympiasiegerin Ulrike Meyfarth (Lieblingsbuch: »Narziß und Goldmund«), der Bergsteiger Reinhold Messner (»Als Expeditionslektüre ist Hesse ein wichtiger Begleiter«) oder Franz Beckenbauer (Lieblingsbuch: »Lektüre für Minuten«), berufen sich auf ihn. Für Politiker, wie die Kanzlerkandidaten der SPD, Björn Engholm und Rudolf Scharping, ist Hesse ein »unerschöpflicher Ratgeber, eine Quelle der Inspiration auf dem Weg zur Selbstfindung und der nachhaltigste literarische Identitätsstifter«. Johannes Rau schätzt Hesses »Lauterkeit und Glaubwürdigkeit«, Eberhard Diepgen (CDU) den »bestürzenden Ernst und feinen Humor«. Für Volker Hauff (SPD) ist dieser Schriftsteller eine »Ermutigung zum Aufbruch in das Reich der Phantasie«. Theo Waigel (CSU) zitiert Hesses Gedichte, und für den baden-württembergischen Ministerpräsidenten Erwin Teufel (CDU) ist dieser Dichter schlechthin »der größte schwäbische Schriftsteller dieses Jahrhunderts«. Den beiden einzigen weiblichen Kandidaten auf das Bundespräsidentenamt Luise Rinser und Hildegard Hamm-Brücher war Hesse »lange Zeit der Lieblingsautor«. Bei Schauspielern, wie Hans-Joachim Kulenkampff und Heinz Rühmann, lagen »seine Werke auf dem Nachttisch«. Für Verleger, wie Daniel Keel (Diogenes), sind vor allem Hesses »Buchbesprechungen von großem Nutzen, fast wie ein literarischer Michelin«, Siegfried Unseld (Suhrkamp Verlag) gab er den Anstoß, Verleger zu werden, und für Gerd Haffmans ist Hesse »ein klarer Kopf mit einem wei-

ten Herzen und ein neidloser Bewunderer und Förderer ganz andersartiger und grundverschiedener literarischer Talente.« Auch Komponisten wie Karlheinz Stockhausen verdanken ihm entscheidende Impulse (zu seinen Schlüsselerlebnissen zählte »Das Glasperlenspiel«), während Gottfried von Einem Hesses »reine, kühne Menschlichkeit« schätzen gelernt und seine Gedichte vertont hat. Progressive Theologen, wie Eugen Drewermann und Hans Küng, sehen in ihm einen »Wortführer der Menschlichkeit«, einen »Schrittmacher für die ökumenische Versöhnung, undogmatisch, lernbereit, offen, universell, ohne Begrenzung durch bestimmte Denktraditionen und kulturelle Schranken«, einen Autor, »der den Menschen fördert und das gegenseitige Verständnis zwischen den Völkern und Nationen vertieft.«

Stellungnahmen wie diese sind u.a. das Ergebnis einer Rundfrage, die Margot Schiele 1993 im Auftrag von Heiner Hesse, dem Sohn des Dichters, unternommen hat, einer Aktion, deren Ziel es war, in Montagnola (Tessin), wo Hermann Hesse die zweite Hälfte seines Lebens verbrachte, ein Gedenk- und Forschungszentrum einzurichten. Diese Sammlung von Stimmen über den Schriftsteller Hermann Hesse und die Wirkung seiner Bücher ist die erste Veröffentlichung des 1992 in Calw, der Geburtsstadt des Dichters, gegründeten »Freundeskreises zur Erhaltung der Hermann Hesse-Stätten e.V.« Aktueller Anlaß zur Gründung dieses Fördervereins war das künftige Schicksal der Casa Camuzzi in Montagnola, die Hesse von 1919 bis 1931 bewohnte und wo ein wichtiger Teil seines Werkes (u.a. die Erzählungen »Klingsors letzter Sommer«, »Siddhartha«,

»Der Steppenwolf«, »Narziß und Goldmund«) entstanden ist. Auch den mit Hesse befreundeten Malern Hans Purrmann und Gunter Böhmer diente dieser zauberhafte Palazzo, der sowohl wegen seiner Lage hoch über dem Luganer See als auch architektonisch zu den originellsten Gebäuden der Südschweiz zählt, »jahrzehntelang als Wohn- und Arbeitsstätte. So gab es eigentlich nichts Naheliegenderes, als das jahrhundertealte Bau- und Kulturdenkmal, das seit 1992, nach dem Tod seiner letzten Besitzerin, zum Verkauf stand, der Öffentlichkeit als eine kulturelle Begegnungstätte von internationalem Zuschnitt zugänglich zu machen. Doch diese von Heiner Hesse ins Leben gerufene Initiative stieß nicht nur vor Ort in Montagnola, sondern auch beim Kanton Tessin und den Berner Kulturbehörden auf taube Ohren. Europas vermögendste Nation, die Schweiz, die sich so gern auf Hermann Hesse als ihren letzten Literatur-Nobelpreisträger und weltweit meistgelesenen deutschsprachigen Autor beruft, vermochte einer solchen Aktion nichts abzugewinnen. Einmal mehr überließ man es privaten Sponsoren, sich für Belange zu engagieren, die eigentlich in den eigenen, nationalen Zuständigkeitsbereich fielen. Erst nachdem alle Verhandlungen gescheitert waren und es sich herausgestellt hatte, daß auch eine Petition mit hunderten von Bittschreiben in Bern nichts auszurichten vermochte, ist der »Freundeskreis zur Erhaltung der Hermann Hesse-Stätten« gegründet worden, in der Hoffnung, daß vielleicht durch private Spenden die Casa Camuzzi für

die Öffentlichkeit hätte gerettet werden können.

Finanziert von der Berliner Kulturstiftung der Länder, erschien daraufhin in deutscher und englischer Sprache eine reich bebilderte Informationsbroschüre, die 1993/94 an die Presse, die Hochschulen sowie an Hesse-Leser in aller Welt versandt wurde. Auch Repräsentanten des öffentlichen Lebens, Politiker, Journalisten, Verleger, Schriftsteller, Wissenschaftler, Schauspieler und Sportler erhielten diese unter dem Titel »Rettet die Casa Camuzzi« vorgestellte Dokumentation. Sie wurden gebeten, wenn nicht durch Spenden, so doch durch die Beantwortung dreier Fragen über die Rolle, die Hermann Hesse für ihren persönlichen Werdegang gespielt hat, sich an dieser Aktion zu beteiligen. Das Ergebnis dieser Umfrage bewies einmal mehr die interdisziplinäre und völkerverbindende Integrationskraft des Weltbildes von Hermann Hesse. Es sollte in einer weiteren Dokumentation die Öffentlichkeit auf die Bedeutung einer internationalen Begegnungstätte in der Casa Camuzzi hinweisen.

Doch kaum, daß die Broschüre »Rettet die Casa Camuzzi« erschienen und erste Spenden zusammengekommen waren, wurde dieses kulturgeschichtlich so bedeutsame Gebäude an eine private Käufergruppe vergeben, um es durch Parzellierung in Ferien- und Eigentumswohnungen der Öffentlichkeit zu entziehen. Wieder einmal hatten private und kommerzielle Interessen über die der Gemeinnützigkeit gesiegt. Und wie um das journalistische Credo zu bestätigen, demzufolge nur ›bad news good news‹ seien, begann sich die überregionale Presse erst, als es aussichtslos war, das Anwe-

sen für kulturelle Zwecke sicherzustellen, endlich für den Fall zu interessieren und auf mehr oder weniger seriöse Weise einen Verlust zu beklagen, den sie wenige Monate zuvor noch durch gezielte Aufrufe hätte abwenden können.

Das große Echo, das inzwischen auf die Pressemeldungen über den Verlust der Casa Camuzzi eingesetzt hat, zeigt, daß unsere Initiative grundsätzlich richtig war. Deshalb wollen wir uns mit dem Ergebnis nicht abfinden und dafür sorgen, daß dennoch eine Stätte in Hermann Hesses Wahlheimat gefunden wird, die es den unzähligen Freunden eines Dichters, von dem Henry Miller sagte, er sei »mehr als ein bedeutender Schriftsteller, sondern auch ein großer Mensch«, ermöglicht, ihm dort wiederzubegegnen, wo er lebte, und sich über die mehr als 40 Jahre, die er im Tessin verbrachte, zu informieren.

Diesem Zweck dient auch das vorliegende Buch, dessen Erlös dem Förderkreis zugute kommt. Anhand einer Auswahl von repräsentativen Stellungnahmen aus Vergangenheit und Gegenwart informiert es über die Gründe von Hesses zeitloser Aktualität und versucht sowohl in einem historischen wie einem gegenwartsbezogenen Teil die Berechtigung unseres Anliegens darzulegen. In der ersten Hälfte dieser Publikation kommen vorwiegend Zeitgenossen und Schriftstellerkollegen von Hermann Hesse zu Wort, während die zweite Hälfte eine repräsentative Auswahl der Ergebnisse überliefert, die Margot Schieles oben erwähnte Enquête 1993 erbracht hat.

Es sind Antworten auf die Fragen:
1. Wann kamen Sie mit Hermann Hesse erstmals in Berührung?
2. Wie wirkte sein Werk auf Sie?
3. Was bedeutet er Ihnen heute?

Einige Autoren, wie Günter Kunert, Karl Krolow, Erich Kuby und Robert Mächler, die sich mit Antworten zu Gunsten unserer Aktion beteiligten, hatten den Wunsch, sich über spezielle Aspekte ihres Verhältnisses zu Hesse zu äußern. Diese meist etwas ausführlicheren Beiträge wurden an das Ende des chronologisch aufbereiteten ersten Teils unserer Dokumentation gestellt. Beide Kapitel, ob sie nun Äußerungen überliefern, die aus eigenem Antrieb geschrieben wurden, oder ob sie anläßlich der aktuellen Umfrage entstanden, unterscheiden sich naturgemäß erheblich, doch sind sie alle Ausdruck einer ungewöhnlichen, oft sogar lebensbestimmenden Wirkung von Literatur.

*Volker Michels*

*Die Casa Camuzzi
in Montagnola.*

Neulich las ich das Buch eines starken Menschen. Es heißt »Peter Camenzind« und ist von Hermann Hesse. Obwohl Peter sich als Schweizer aufführt, während Hermann die Sprache des Reiches spricht, scheinen beide durchaus dieselbe Person.

Das Buch ist deutsch ohne patriotische Rempelei und fromm ohne Prostitution der Seele. Von der Erzählung weiß ich wenig zu sagen. Ein junger Mensch, aus altem Bauernblut, wächst bäuerlich auf, wird in Bildung getaucht, die ihn benetzt, nicht lockert. Er hat ein paar Lieb- und Freundschaften, daheim und in der Fremde, stets ohne Glück und Stern; sein Gewinn ist der heilige Franziskus von Assisi, der ihn Liebe zu aller Kreatur lehrt. So kehrt er heim und wurzelt wieder fest als das, was seine Väter und er zuvor gewesen.

Das ist einfach; und vielleicht wenig. Herrlich aber ist die große und treue Liebe des Schreibers zu aller Kreatur des Himmels und der Erde. Wenn er Sonne und Wolken, Berg und See, Bäume und Kräuter und lebendiges Wesen schildert und preist, so klingt durch seine Worte der Ton der Wahrhaftigkeit, der Gefühle und Gedanken, auch bekanntere und geläufige, erneut und adelt. Auch ist seine Sprache ehrlich und von dem Fehler neuer Stilisten frei, die, wenn sie edle Dinge darzustellen suchen, nichts anderes wissen, als prompt und mechanisch nach altertümlichen, gesalbten und sakralen Redensarten und Wortstellungen zu greifen.

Neben dieser Schule der Liebe erzählt das Buch vom alten Kampf um den Beruf, von der Auseinandersetzung zwischen Natur und Neigung, Herkommen und Begabung. Hier trennen sich die Wege des Schöpfers und des Erschaffenen. Konsequent und ohne Aufheben scheidet Peter aus der eingebildeten Welt des Geistes und vermählt sich aufs neue der väterlichen Erde und Sitte. Der Andere, – nun, der bleibt Literat; sonst besäßen wir freilich nicht dieses Buch und manche gute Hoffnung auf Späteres.

*In Sils Maria mit*
*Theodor Heuss*
*im Juli 1957.*

Hesses landschaftliche Kunst ist von erster Hand. Sie unterscheidet sich innerhalb der übrigen zeitgenössischen Dichtung durch eine sozusagen größere Körperlichkeit. Wir sind etwas durch »Stimmung« verwöhnt und verweichlicht. Auch Hesse gibt Töne und Stimmung, aber er füllt sie mit Konturen, festen und gewissen Strichen. Aus seinem Schildern kommt kräftige Anschauung. Mit einer großen sprachlichen Disziplin zwingt er Gehalt und Form einer Landschaft, eines Naturbildes in unsere Vorstellung. Das eigene Leben, Erfahrungen, Eindrücke der Jugend, die Jahre der Heimat bieten sich seiner Dichtkunst als Material. Dies ist sehr wesentlich, denn davon erhalten seine Werke die Gebärde vertrauter Wahrheit. Man kann ja nach solchen Werten die Dichter scheiden. Hesse gehört zu jenen, die aus dem eigenen Leben gestalten: ihre Phantasie ist gezügelt, alle dichterische Energie strömt in die Darstellung. Es ist mit Hesse ein neues dichterisches Wesen in unsere Kunst getreten, das in den Händen Unbefugter und Unfähiger zur Gefahr werden kann. In Hesses Werken aber stellt es sich dar als eine freie, selbstschöpferische Fortsetzung unserer besten Tradition.

Daß 1946 Hesses Name und sein Rang in ihrer Weltgeltung bestätigt wurden, hat etwas Tröstliches. Denn damit wurde nach den Jahren der Verengung und Verdumpfung, da der deutsche Name sich selber verdunkelte, verdunkeln ließ, ein zugesperrter Laden wieder aufgemacht. Ein Licht kam zu uns, ein Licht ging von uns aus. Das Abendländische als ein Besitz gemeinsamer Werte und Wertungen, in der Spiegelung eines »Morgenlandfahrers«, trat in das Bewußtsein, und dies geschah in der sauberen, auch geistig wieder gesäuberten Sprache unserer Heimat. Das Europäische, das heute Politiker und Publizisten in Paragraphen und Verträgen erfassen wollen und wohl auch müssen, in einem Mühen, das sich gelegentlich bei der Zukunft etwas Begleit-Pathos entleiht, war hier in diesem Mann und in diesem Werk als unpathetische Gegebenheit schon vorhanden.

Hesse schreibt, so will mir scheinen, unter den Heutigen das schönste Deutsch, ob seine Sätze Farbigkeit, ja Lyrismus vortragen, ob sie mit einer schier kargen und sehr bewußten Schlichtheit des Ausdrucks darstellen, ja erklären und argumentieren. Hesses landschaftliche Kunst ist von erster Hand. Sie unterscheidet sich innerhalb der übrigen zeitgenössischen deutschen Dichtung durch eine sozusagen größere Körperlichkeit…

Er kann, was nur wenige können. Er kann einen Sommerabend und ein erfrischendes Schwimmbad und die schlaffe Müdigkeit nach körperlicher Anstrengung nicht nur schildern – das wäre nicht schwer. Aber er kann machen, daß uns heiß und kühl und müde ums Herz wird.

Der Idylliker Hesse, der für meinen Geschmack fast niemals süßlich gewesen ist, verwandelt sich verhältnismäßig früh in einen zerrissenen, mit sich zerfallenen, tappenden, suchenden und unzufriedenen Romantiker, der keiner sein will, der doch einer sein will, der sich einen Turban aufsetzt und drunter ganz leicht pietistisch schwäbelt.

Die Wandlung lag früh am Tag; Hesse hat, in unbeirrbarer Reinlichkeit, niemals eine Marke ausgewalzt. Im April 1914 schrieb ich hier [in der Zeitschrift »Die Weltbühne«]: »Nun hat er sich gewandelt; er ist älter geworden, und es bereitet sich da irgend etwas vor. Wenn nicht vorn auf dem Titelblatt der Name Hesse stünde, so wüßten wir nicht, daß er es geschrieben hat. Das ist nicht unser lieber, guter, alter Hesse: das ist jemand anders. Eine Puppe liegt in der Larve, und was das für ein Schmetterling werden wird, vermag niemand zu sagen. Es ist schön, daß jemand im besten Mannesalter noch einmal frische Triebe ansetzt und wieder neue Blüten entfalten läßt.« Das war, als »Roßhalde« erschienen ist.

Hermann Hesse hat, fern vom Problematischen, immer gut gespielt: seine naturalistischen Schilderungen sind fast unübertroffen, kräftig im Ton, bunt in der Farbe, sauber, voll Blut und Luft und Atmosphäre… Das Zerrissene hat er mir niemals zu recht gestalten können, und daß ein Künstler zerrissen ist, geht uns wohl wenig an. Er soll das bilden…
Seine Buchkritiken haben zur Zeit in Deutschland kein Gegenstück. Aus jeder Buchkritik Hesses kann man etwas lernen, sehr viel sogar.

*Hermann Hesse*
*mit Theodor Heuss*
*1957 in Sils Maria.*

## ROMAIN ROLLAND
**1914/1920**

## FRANZ BLEI
**1920**

## KLABUND
**1920**

Derjenige deutsche Dichter, der die abgeklärtesten, edelsten Worte fand und in diesem dämonischen Krieg eine wahrhaft poetische Haltung bewahrt hat, ist Hermann Hesse, ein Ehrengast und fast ein Adoptivsohn der Schweiz. Unvergessen ist sein schöner Aufsatz in der »Neuen Zürcher Zeitung« vom 3. November »O Freunde, nicht diese Töne!«, worin er die Künstler und Denker Europas beschwört, das »bißchen Frieden« zu retten, das noch zu retten ist, und nicht auch mit der Feder Europas Zukunft zu vernichten.

Er ist hager, hohlwangig, rasiert, asketisch, hart aus Knochen geschnitzt wie eine Gestalt von Hodler. Er hat eine außerordentlich schwere Krise durchgemacht, aus der er nach seinen Worten als neuer Mensch hervorgegangen ist. Von der ganzen aktuellen Welt hat er sich völlig losgelöst, von der Kunst, der heutigen Literatur, die ihm ein eitles Spiel zu sein scheint, und vor allem von der Politik. Er hat sich sogar fast von allem, was für einen modernen Menschen dem Leben Wert gibt, vom Wohlsein, von der Beteiligung am Kulturbetrieb, losgelöst. Er lebt wie ein Weiser aus Indien (obwohl sein Ideal eher die Weisheit Chinas und deren lächelnde Anpassung an das Leben ist).

Die Hesse, so wird eine liebliche Waldtaube genannt, die man aber wild nicht mehr antrifft. Ihrer Zierlichkeit wegen wurde sie ein beliebter Käfigvogel, der den Besucher damit gegetzt, daß er im Käfig immer noch sich gebärden tut, als wäre er im freien Walde… er verschafft dadurch dem… Stadtbewohner die Sensation der Natur, und wird solches erhöht von ganz kleinen Drüsen… aus denen sie einen Geruch absondern, der leise an Tannenduft erinnert.

*Karikatur von Olaf Gulbransson.*

*Paßphoto aus dem Ersten Weltkrieg.*

Hermann Hesse ist der einzige aus seiner Generation, der es fertig bekommen hat, an der Schwelle der vierziger Jahre ein neues Reis anzusetzen und zu einer zweiten feurigen Jugend emporzublühn. Thomas Mann, Jakob Wassermann, Wilhelm Schäfer haben sich in ihren letzten Schriften immer nur bestätigt. Hesse ist ein anderer geworden. Der zarte Hesse der Kleinstadtgeschichten und des Knulp ist nicht mehr. Wie seine Aquarelle vom Luganer See vor Freude schreien: so brennen und brannten seine neuen Erzählungen, deren prinzipiellste der »Demian«, und deren vollkommenste »Klein und Wagner« aus dem Buche »Klingsor« ist. Hesses Stern, der früher milde strahlte, rotiert jetzt wie eine rote Sonne am Himmel der deutschen Dichtung. Er, der Vierzigjährige, steht in den Reihen der neuen deutschen, der wieder romantischen Jugend, an erster Stelle… Er hat mit einem entschiedenen Ruck sein altes Gewand von sich abgeworfen. Er hat den Mut, neu zu beginnen, eingedenk des alten Taowortes, daß der Weg, nicht das Ziel den Sinn des Lebens mache.

## ROBERT NEUMANN
**1920/1961**

## STEFAN ZWEIG
**1923**

## MAX BROD
**1926**

Das Bekenntnis zu Hermann Hesse scheint mir heute inmitten einer lärmvoll himmelstürmenden »Jungen Generation« von doppelter Bedeutung zu sein: Ein Festhalten an der Natur und am Natürlichen, an der Landschaft und an der Schlichtheit des Wortes.

Hermann Hesses Gedichte haben mir seit meinen Jünglingsjahren sehr viel bedeutet… Es ist an der Zeit, daß endlich jemand unseren Kritikern die Meinung sagt, unter denen es in den letzten Jahren Mode geworden ist, an Hesse kein gutes Haar zu lassen. Ein paar junge Leute, deren Urteil durch keinerlei eigene Leistung gestützt ist, brandmarken Hesse als einen Nachahmer der Romantiker und sein Werk als »Kitsch«. Das ist nicht nur geschmacklos, sondern auch eine Frechheit.

Er ist ein edler und aufrichtiger Charakter und deutsch im guten Sinne des alten Deutschlands. Dichter in der Stille, Pastorensohn wie Mörike, umfaßt er die ganze Welt von seinem kleinen Fleck her. Ohne Hochmut, voll guten Willens und zugleich stark…

Die merkwürdige Reinheit der Prosa, die Meisterschaft des Aussagens gerade der unsagbarsten Zustände gibt Hermann Hesse heute einen ganz besonderen Rang in der deutschen Dichtung, die sonst nur in chaotischen Formen oder Unformen, im Schrei und in der Ekstase das Übermächtige zu schildern und zu reflektieren sucht… Dies ist gewiß, daß alles dichterische Werk, das heute nach solcher innerer, gleichzeitig entsagender und beharrender Verwandlung von Hermann Hesse ausgeht, Anspruch als äußerste moralische Geltung und unsere Liebe hat, daß man hier einen mehr als Vierzigjährigen, bei aller Bewunderung für das meisterlich Getane noch die gleiche Erwartung wie einem Beginnenden entgegenbringen darf und soll.

Dr. Max Brod
Redaktion des Prager Tagblatt
Prag, den 1.12.1926
Panska 12

Verehrter Herr Hesse,
ich weiß nicht, ob ich Ihnen schon mitgeteilt habe, daß Franz Kafka Ihre Werke stets geliebt hat und daß eine Ihrer Kritiken ihm, der sonst für Kritik unempfindlich war, als eine der letzten Freuden an sein Sterbebett in Kierling (bei Wien) kam. Ich war dort, und er zeigte mir den von seiner Mutter eingesandten Ausschnitt. Wie dankbar war ich Ihnen damals – damals und oft!
Ihr sehr ergebener
Max Brod

*Hesse 1929*
*auf der Veranda*
*der Casa Camuzzi.*

Wenn jemand unter den heutigen ein Bekenner ist, so ist es Hermann Hesse. Und wenn jemand seine Selbsterziehung mit Strenge und Ernst betrieben hat, so ist er es. Er hat sein Leben durchleuchtet bis in die letzten verborgenen Winkel; er hat ein Bekenntnis abgelegt, das vom Glücksempfinden geistiger Triumphe bis hinunter in die Hölle des Gewissens reicht. Diese Konfession aber – das darf nicht verschwiegen werden –, sie wäre verwirrend in manchem Widerspruche, sie wäre unheilvoll und bedrückend, wenn – ja, wenn sie nicht ein so hohes Kunstwerk, eine Mythologie, wenn sie nicht typisch wäre. Mit »Demian« hat Hesse den einzigartigen Versuch begonnen, den Typus des Deutschen und Protestanten in seiner eigenen Person zu erfassen und aufzulösen, in die Höhe und die Tiefe, in die Fülle und die Glut, in die Kindlichkeit und

den Orient. Um diese Leistung aber zu ermöglichen, mußte er ebenso alle Wirrnis und alles Unglück, alle »Immoral« und alle Dämonismen, alle Romantik und alle Steppenwölfigkeit auf seine alleinige Konstitution beziehen. Mußte er die Untergangsparole an seine eigene Kappe heften, mußte er alle feindlichen Lanzen in sich vereinigen…

Es gibt heute keinen zweiten Dichter, der so sehr die Tradition für sich hat und so bewußt in ihr ruht. Und es gibt keinen zweiten heute, der so allem Echten, Dauernden, Liebenden auch im geistigen Bezirk zugetan und verschworen wäre. Für die durchdringenden Augen dieses Mannes gibt es kein Flunkern, keinen Firlefanz. Seine Stimme wird in allen Schichten der Nation vernommen, und er ist jung geblieben. Wenn man einmal allen Aussagen dieses Dichters, nicht nur in

seinen Büchern, sondern auch in den hunderten von verstreuten Skizzen, Feuilletons und Buchbesprechungen nachgehen würde –, es fände sich, daß er sein ganzes reiches Leben vom ersten Traumwinkel und Beginn bis zur letzten Verrichtung beobachtet und in Distanz gebracht hat. Kaum eine wichtige Regung behielt er für sich. Ich weiß nicht, ob es in der ganzen Welt, Johann Wolfgang nicht ausgenommen, einen Dichter gibt, der sich so sehr selbst besaß und darum so sehr geöffnet, so wach sein konnte. Besinnung und Besonnenheit sind Worte, deren Stamm die Sinne sind. Diese Sinne sind bei Hesse sehr frei, sehr rein, sehr blank und geschärft in der Selbst-Besinnung, und wo sich diese nach außen wendet, heißt sie Besonnenheit.

*Hermann Hesse, 1927.*
*Photo: Gret Widmann.*

**OSKAR LOERKE**
1927

**HANS FALLADA**
1929

**LAVINIA MAZZUCHETTI**
1927

Er moralisierte nicht, sondern räumte auf, nicht bei Nachbarn und Feinden, sondern bei sich selbst – und eben dadurch in der Nachbarschaft und Fremde.

Hermann Hesse, ein großer Dichter, der durch so viele Schmelztiegel hindurchgegangen ist und nicht müde wird, an sich zu arbeiten... Als ich ein Pennäler war, da las ich »Unterm Rad« und »Peter Camenzind«, das ist nicht zu vergessen.

Wer das Glück hatte, mit Hesse befreundet zu sein, oder wem es wenigstens vergönnt war, mit gebotener Zurückhaltung an der rauhen Schale zu ritzen, in der er sich verbirgt, der liebt an ihm auch – oder vor allem – die entschiedene, doch nie anmaßende Zurückhaltung, die wache und geistvolle Originalität, die keineswegs starre Rechtschaffenheit, das wissende Verständnis für alle Schwächen, aber auch für alle Höhen der Spezies Mensch. Die vielen, die ihm ohne Aufdringlichkeit ihre Verehrung zuwenden, bewundern an ihm die Selbstdisziplin eines verantwortungsbewußt Schaffenden, dem es gelingt – allerdings nie mittels der gewohnten Kanäle von Interviews, Interventionen oder Manifesten – sich als einer der wachsamsten und vielleicht wirkungsvollsten Gesprächspartner in den Debatten über Tagesfragen immer wieder zu betätigen.

*Hermann Hesse, 1927.*
*Photo: Gret Widmann.*

17

In fast sämtlichen Werken bedient sich Hesse des alten romantischen Kunstmittels: der Spaltung des Menschen, des Doppelgängertums, der Vervielfältigung des Ich. In manchen seiner Bücher tritt er in zweierlei verschiedenen Gestalten auf, in manchen toben mehrere Naturen, sich bekämpfend, sich steigernd, in ihm, aus ihm... Nicht in schwelgerischem l'art pour l'art, sondern in diesem kämpfenden Suchen ward Hesse zum Sprachkünstler: unter klarer, einfacher Sprache, die in manchen seiner Bücher ganz sachlich unromantisch ist, wird eine tiefere, mit Worten unfaßbare Welt fühlbar. In diesem Suchen tastet er auf die Nachbargebiete seiner Kunst hinüber zur Musik und zur Malerei. In diesem Suchen durchstreift er, belesener als mancher Gelehrte, alle Bezirke der Weltliteratur und gab viele alte Dichtwerke mit klärenden Geleitworten heraus.

Hermann Hesse kann nicht nur herrliche Geschichten erzählen, daß sich gleichermaßen verwöhnte Artisten und einfaches Volk daran erbauen, er vermag auch für subtilste Natureindrücke, für verwickelte seelische und philosophische Fragen ebenso wie über kritische Betrachtungen künstlerischer Dinge das einfachste Bild im Wort zu finden...

Nichts wäre ungerechter und oberflächlicher, als diesen Hesse mit dem Etikett »Bürgerlicher Dichter« abzutun. Der Knabe schon revoltierte gegen den Schwindel der bürgerlichen Erziehung, floh von der Schule, arbeitete als Schlosser und Buchhändler, bis ihm der Riesenerfolg des »Camenzind« das Leben als freier Schriftsteller ermöglichte. Der beginnende Krieg zeigt Hermann Hesse als den einzigen berühmten Dichter, der keine Kriegsgedichte schreibt, der seine Abneigung gegen die patriotische Besoffenheit bekennt und darüber hinaus auffordert, die geistige Verhetzung einzustellen. Das hat ihm damals und bis in die jüngste Zeit hinein plumpe Beschimpfungen genug eingetragen. Die reaktionären Studenten schickten ihm Serien von Haßbriefen. Er ging seinen Weg unbekümmert weiter, nur dem Stern in seiner Brust folgend, ging weiter einen Weg, der dem Schema deutscher Dichterentwicklung gänzlich entgegengesetzt ist. Während die übrigen in der Dichterspitzengruppe zwar stürmisch und radikal begannen, mit zunehmendem Alter aber mehr und mehr Kompromisse schlossen, riß Hesse, älter werdend, einen bürgerlichen Tempel nach dem anderen ein... Probleme der Masse, Gestaltung proletarischer Themen finden sich nicht bei Hesse, doch keiner der nichtproletarischen Dichter erscheint mir unbürgerlicher, keiner schonungsloser in der Selbstdarstellung als dieser Außenseiter...

Daß ein so eigenwilliger, skrupelreicher Mensch und nervöser, politikempfindlicher Dichter nicht die Lösung des Untergehens in kollektivistischen Parteien finden konnte, wird seinen Lesern rasch begreiflich. Es bleibe aber nicht unerwähnt, daß Hesse sich zu den reinen und edlen Gestalten Rosa Luxemburgs und Gustav Landauers in Liebe bekannte. Im Herzen sind die Einsamen großen Formats immer links, und weil sie die Hingabe an die große Idee über alles lieben, immer auf der Seite der Anarchisten. Sie bleiben unfähig zu einem summarischen Kulturoptimismus, aber ihre ungemütliche Aufrichtigkeit wiegt mehr als pseudorevolutionäres Literatentum.

*Hesse mit Alice Leuthold, der Frau seines Zürcher Mäzens Fritz Leuthold, um 1927.*

### HANS CAROSSA
1930

### HERMANN KESTEN
1931

### RENÉ SCHICKELE
1935

[Mein Buch] »Kindheit«, dem Sie in Ihrem Großmut soviel Gutes nachsagen, ich glaube, daß es ganz anders aussähe, wenn ich nicht früher Ihre »Diesseits«-Novellen, den »Peter Camenzind« oder den »Knulp« gelesen hätte. Und wieviel kostbare nur Ihnen mögliche Beobachtungen, die sich jeder andere für seine Gedichte aufgespart hätte, haben Sie Reicher, wie absichtslos in Zeitungsaufsätze hineinverstreut, die dann unsereiner im Café des Münchner Hofgartens, in einer stillen, noch gästeleeren Morgenstunde, unter den alten Kastanienbäumen mit Entzücken las! Was Sie aber Ihre heftigere Problematik nennen, gerade das gibt dem anderen, dem naiven, sinnenglühenden Bereich Ihres Wesens erst sein Vollgewicht und seine Legitimation. Wie Sie diesen Geist und diese Seele in sich vereinen können, ohne daß eins dem anderen Abbruch tut, bleibt Ihr Geheimnis. Ich müßte mich sehr irren, wenn Sie nicht unter dieser Bipolarität manchmal heftig zu leiden hätten, aber das sind Schmerzen, die für andere fruchtbar werden.

(In einem Brief vom 28.11.1930 an Hermann Hesse)

Ich habe als Gymnasiast einige Ihrer Bücher geliebt: »Knulp«, »Diesseits«, und ich habe mich von ihnen verleiten lassen, zu Fuß allein durch Bayern und Schwaben zu wandern, bis mich eines Tages ein Landgendarm festnahm und fortführte. Unterwegs gelang es mir, den grünen Mann dadurch von meiner Harmlosigkeit zu überzeugen, daß ich ihm ihre Bücher vorwies und aus der Ilias auf griechisch rezitierte. Der Schwabe folgerte, wer Ihre Bücher lese, könne kein schlechter Mensch, und wer so viele fremde und wohltönende Verse zu sagen vermöge, kein völliger Taugenichts sein, und er ließ mich laufen, es war auf der Landstraße nach Kempten, und ich schenkte ihm dafür zum Andenken einen Band Hermann Hesse. So ward ich frei und brachte auf höchst bescheidene Weise Hesse unter die Gendarmen.

(In einem Brief vom 15.6.1931 an Hermann Hesse)

Als Hesse [1930] aus der Akademie austrat, schrieb er an Wilhelm Schäfer, er glaube an einen neuen Krieg und an eine neue Kundgebung der 93 deutschen Intellektuellen – und da wolle er keineswegs dabei sein. Er war nach dem Krieg Schweizer geworden. Trotzdem, und obwohl er mir schon vor Jahren sagte, er könne Deutschland nur mit Furcht und Widerwillen betreten und tue es so selten wie möglich, ist und bleibt er ein Stück lebendiges Deutschland – in ganz anderm Maße als die deutsch schreibenden Schweizer.

*Hermann Hesse um 1907.*
*Photo: Gret Widmann.*

## EMMY BALL-HENNINGS
**1936**

## THOMAS MANN
**1937**

## ERIKA MANN
**1956**

Man muß gesehen haben, wie er das Land umgräbt, wie er einen jungen Baum oder eine Blume stützt, wie er nach jedem Sturm teilnehmend jedes Pflänzlein besucht, wie aufmerksam er sich selbst den einfachsten Gartenarbeiten widmet, und man bekommt eine Ahnung, daß seine herrlichen Naturschilderungen, die schon so viele Leser entzückt und beglückt haben, aus einer unsagbar genauen Beobachtung, aus einer wirklich innigen Verbundenheit mit der Natur stammen.

Hesse war der große Deuter seiner Erlebnisse, der selbst die Widersprüche, das Zufällige und Ungefähre in ein unvergeßliches Sinnbild zu fassen wußte, so daß jedes Menschenherz davon betroffen wurde. Zum Kernpunkt des eigenen Wesens vordringend, berührt und trifft er das Allgemeine, was jeden Leser angeht, auch dort und vielleicht gerade da am tiefsten, wo er von seiner eigenen Person zu sprechen scheint. (Man sollte beim Lesen von Hermann Hesses Büchern, etwa in der Hauptfigur eines Romanes, nie das Porträt des Dichters selbst finden wollen. Es ist immer nur eines von vielen Gesichtern, das sich verschließt, wenn man es zu fassen glaubt.)

Unter der literarischen Generation, die mit mir angetreten, habe ich ihn früh als den mir Nächsten und Liebsten erwählt und sein Wachstum mit einer Sympathie begleitet, die aus Verschiedenheiten so gut ihre Nahrung zog wie aus Ähnlichkeiten… Dies keusche und kühne, verträumte und dabei hochintellektuelle Werk ist voller Überlieferung, Verbundenheit, Erinnerung, Heimlichkeit – ohne im mindesten epigonenhaft zu sein. Es hebt das Trauliche auf eine neue, geistige, ja revolutionäre Stufe – revolutionär in keinem direkten, politischen oder sozialen, aber in einem seelischen, dichterischen Sinn; auf echte und treue Art ist es zukunftsichtig, zukunftempfindlich. Ich wüßte nicht, wie ich den besondern, doppelsinnigen und unverwechelbaren Reiz, den es auf mich ausübt, anders bezeichnen sollte.

Hesse? Welche Ignoranz, welche Unbildung, um es recht deutsch zu sagen, gehört dazu, diese Nachtigall (denn ein bürgerlicher Kanari ist er freilich nicht) ihres deutschen Waldes zu verweisen, diesen Lyriker, den Mörike gerührt in die Arme schlösse, der aus unserer Sprache Gebilde von weichstem und reinstem Umriß hob, Lieder und Sprüche des innigsten Kunstgeschmacks daraus entband, einen »Elenden« zu schimpfen, der sein Deutschtum verrät, – nur weil er die Idee von der Erscheinung trennt, die sie oft erniedrigt, weil er dem Volk seines Ursprungs die Wahrheit sagt. Deutscheres gibt es nicht als diesen Dichter und das Werk seines Lebens – nichts, das deutscher wäre im alten, frohen, freien und geistigen Sinn, dem der deutsche Name seinen besten Ruhm, dem er die Sympathie der Menschheit verdankt.

Er und mein Vater sind Freunde gewesen, Brüder im Geiste und (bei vielen Verschiedenheiten) auch darin einander ähnlich, daß sie alt zu werden und sich gleichwohl zu hüten wußten vor dem trüben Einfluß nahenden Greisentums. Selbst im Umgang: wie jung und elastisch, wie empfänglich und aufgeschlossen war unser »Zauberer« bis zum Ende – nicht anders als der Weggenosse, der, mancher Beschwerde zu Trotz, heller dreinschaut, herzlicher lacht, schärfer beobachtet, wärmer empfindet als die meisten von uns…

Urgemütlich und plauderhaft, gesellig, ja galant, so kennen wir den »Steppenwolf«, dessen Weltscheu und Einsamkeitsbedürfnis verfliegen, sobald er mit Freunden um den Tisch sitzt. Und Freunde waren sie, Hesse und mein Vater, die nichts aufeinander kommen ließen und sich mannhaft zur Wehr setzten, sobald man den einen gegen den anderen ausspielen wollte.

*Mit Thomas Mann im Februar 1932 bei St. Moritz.*

## GOLO MANN
**1977**

## MAX HERMANN-NEISSE
**1933**

## HEINZ POLITZER
**1937**

Hermann Hesse war, in aller Diskretion und Schlichtheit, ein sehr kluger politischer Beurteiler, Thomas Mann darin überlegen, daß sein Urteil in dieser Sphäre niemals von Literatur angekränkelt war. Und er war leidenschaftlicher dabei, als ich wußte, ehe ich seine politischen Schriften las.

In einer Epoche, in der Mode und Konjunktur nur den zweckbetonten, irgendeiner Partei dienstbaren Gebrauchskünstler gelten lassen wollen und das Schlagwort vom Kollektivismus wie ein Plumpsack umgeht, gestaltet Hesse immer wieder, niemandem verpflichtet, niemandem zu Munde redend, seine persönliche Tragik und Erhebung. Sein individuelles Los wird ihm wesentlich und von da aus freilich die ganze Menschheit. Nur der beschränkte Aberglaube unserer Tage wähnt nämlich, Uninteressiertheit am eigenen Geschick garantiere die Teilnahme am Wohl- und Übelergehen der Allgemeinheit. Während in Wahrheit das zuverlässige Wirken für eine überpersönliche Idee, für die Beseitigung dummer und bösartiger Zustände im Weltenhaushalt, zu solidem Untergrund hat das leidenschaftliche Erleben und Erleiden des Widrigen am eigenen Leibe und an der eigenen Seele, den scharfen und unabhängigen Blick für die Nieten und Nöte der individuellen Existenz.

Unter all denen, die heute Deutsch schreiben, wird Hermann Hesse als die reinste Verkörperung des dichterischen Menschen zu gelten haben. Was immer er mit seinem Worte anrührt, wird edelste Verzauberung, Sprachgut, unmittelbar dem Geist des Wortes abgewonnen, dabei einfach, einfältig oft und dennoch immerdar von der Magie und Weisheit eines vollkommenen Lebens erfüllt. Er ist einer der großen alten Männer der deutschen Dichtung, doch unter seinen Worten flammt unverlöschbar der ewige Abglanz jugendlicher Leidenschaft, unter aller Melancholie der inständige Glaube an die Vormacht des Geistes, an die Schöpferkraft der Liebe selbst in dieser zerrütteten Welt. Er ist so deutsch wie selten einer seit Goethe und nicht minder weltbürgerlich gesinnt als jener; er neigt sich tief hinab zu den Überlieferungen der wirklichen deutschen Kunst; aber er fügt sie auch zugleich in die Dichtung Europas ein, freilich in die Literatur eines so friedlichen und fruchtbaren Erdteils, wie er nur in den Visionen der Dichter, und mag sein, in einer besseren Zukunft besteht.

*Mit Thomas Mann in St. Moritz im Februar 1931. Photo: S. Schocken.*

## ROBERT MUSIL
**1931/1938**

## R.J. HUMM
**1943**

## OSKAR MARIA GRAF
**1946/1947**

Ich bin ein großer Verehrer Ihrer Kunst.
(1931 an Hermann Hesse)

Er verträgt keinen Lärm im Haus, keine Unregelmäßigkeiten der Tageseinteilung von Arbeit, Lektüre, Spaziergang, Mahlzeit und Nachruhe. Alles sehr begreiflich; das einzig Komische ist, daß er die Schwächen eines größeren Schriftstellers hat, als ihm zukäme. Man ist heute Großschriftsteller ohne schriftstellerische Größe.

Hesse ist immer selbstironisch und die von ihm erreichte Lebensstufe nur Schein. Die Jugend ist in Hesse lebendig geblieben, und diese Jugend guckt durch alles hindurch, spielt aus ihm als eine fortwährende Schelmerei. Es gibt keinen schalkhafteren, keinen spitzbübischeren Mann als Hesse. All die geistigen Abenteuer, alles, was er an Geisteswissenschaften durchgearbeitet hat, indische Weisheit, chinesische Lebensklugheit, Psychoanalyse, abendländische Philosophie, Weltliteratur, der unermeßlich weite Horizont, den seine Lektüren ihm vermittelten, das alles ist ein Reichtum, den seine knabenhaft gebliebene Seele nur um so reizvoller erscheinen läßt… Sein Wissen ist universal und radikal, er liest sozusagen alles, auch die unverdaulichste Linksliteratur; er kennt nicht nur seinen Buddha, er kennt auch seinen Lenin, – es gibt kein Gebiet, außer dem der Naturwissenschaften, auf dem er nicht gleich gut bewandert ist.

Manchmal will es mir scheinen, als sei der Ruhm eines Menschen für dessen Charakter aufschlußreicher als seine eigentliche Leistung. Er ist ein Spiegel, der schonungslos entlarvt. Er zeigt den brennenden Ehrgeiz, die geltungshungrige Eitelkeit und wohl auch deutliche Spuren einer dunklen Machtgier seines Trägers. Der Ruhm Hermann Hesses widerspiegelt nichts von alledem, er zeigt nur einen Menschen, der leidend bis an die Grenzen des Erkennens gedrungen ist und den dieses Leiden beispielhaft gütig gemacht hat. Aber vielleicht kennt der Dichter diesen Spiegel gar nicht.

Mit der Zuerkennung des Literaturpreises der Nobelstiftung an Hermann Hesse wurde das Unvergängliche des Deutschen, der Geist unserer mächtigen, reichen deutschen Sprache ausgezeichnet… Die Entscheidung beweist, daß es noch Geister gibt, die ihre unverwirrbare Witterung für die Substanz des Humanen nicht verloren haben.

Nirgends läßt er sich einordnen, weil er stets nur das tat, worum er uns, sein Leben lang, verhalten bat: in allem, was lebt, die Liebe zu suchen… Wenn tüftelnde Schriftgelehrte endlich das richtige Klischee für ihn gefunden zu haben glaubten, widerlegte er sie durch »ein ganz anderes Buch«… Warum werden eigentlich, im Gegensatz zu Hesse, wirklich begeisternd intelligente, weltgültige Schriftsteller oft so phrasenhaft, farblos und platt, wenn sie über zeitbezüglich Politisches aussagen?

*Hermann Hesse, 1935. Photo: Martin Hesse.*

### GOTTFRIED BENN
1946

### AXEL EGGEBRECHT
1946

### ANDRÉ GIDE
1947/1948

Hesse. Kleiner Mann. Deutsche Innerlichkeit, der es schon kolossal vorkommt, wenn irgendwo ein Ehebruch erlitten oder gestartet wird. In der Jugend einige hübsche klare Verse. Spezi von Thomas Mann. Daher der Nobelpreis, sehr treffend und passend innerhalb dieses moddrigen Europa.

Mit den Mächten des Ungeistes, die über den Erdteil zu siegen schienen, gab es für Hesse keinen Vertrag. Er gehörte nach seinem eigenen Zeugnis »durchaus zu den Verdächtigen, nur zur Not Geduldeten, im Grunde Unerwünschten«. Zuletzt wurden seine Bücher unterdrückt, sein Verleger verhaftet. Denn zum zweiten Male war der Dichter zum Warner geworden, zum Seher, zum Propheten… Hermann Hesses Gestalt wird auf ergreifende Art zum Bürgen einer künftigen besseren Zeit. Sein Werk aber muß nun endlich unser Besitz werden!

*Hermann Hesse um 1925.*
*Photo: Gret Widmann.*

Hesse besitzt alle Eigenschaften, die ich in der Kunst stets aufs höchste schätzte: jene seltene und kostbare Verbindung von Eleganz und Tiefe, von künstlerischer Disziplin und schöpferischer Kraft. Er besitzt außerdem einen ausgesprochenen Sinn für Humor, was bei einem deutschen Schriftsteller die Ausnahme ist. Er ist fähig, über sich selbst zu lachen, doch ohne Bitterkeit oder Zynismus, sondern mit heiter-ironischer Distanz.

So verschieden die Bücher Hesses, die ich gelesen habe, auch sein mögen, in jedem einzelnen erkenne ich doch die gleiche Liebe zur Natur wieder: eine Art Frömmigkeit. Freie Luft weht durch ihre Seiten, die im Winde rauschen wie die Blätter der Bäume in den Wäldern… Das ganze Werk Hesses ist ein dichterisches Streben nach Selbstbefreiung, um dem Künstlichen zu entkommen und die kompromittierte Echtheit wiederzugewinnen. Bevor man sie nach außen hin vertritt, muß man sie sich selbst bewahrt haben… Obwohl Hesse urtümlich deutsch ist, erreicht er dies nur dadurch, daß er Deutschland den Rücken kehrt. Unter seinen Landsleuten gibt es wenige, die sich nicht beugen ließen und sich selbst treu zu bleiben wußten. An eben diese wendet sich Hesse: so wenige ihr auch sein mögt, von euch, nur von euch hängt die Zukunft Deutschlands ab.

Je besser ich Hermann Hesses Werk kennenlerne, um so bewunderungswürdiger erscheint es mir.

Thomas Mann hat 1945 in seinem Brief nach Deutschland geschrieben, daß er Hesse um sein Wohnen in Montagnola beneide. »Er wohnte in schöner Sicherheit in seinem Haus in Montagnola, in dessen Garten er Boccia spielte«, schrieb er. Ich habe dort auch an einigen Spätnachmittagen mit Hermann Hesse Boccia gespielt. Aber für ihn ist das Wohnen in diesem Garten keine schöne Sicherheit. Wo immer er auch wohnt – er ist stets in Unsicherheit, Unruhe und Gefährdetheit. Merkwürdig nur, daß Thomas Mann das damals übersah. Wir haben im Garten von Montagnola viele Gespräche über Hesses Verhältnis zu Deutschland gehabt; immer wieder tauchte die Frage auf, ob er zur Emigration gehöre. Und seine Antwort war, daß er das nicht entscheide nach seinem Willen, sein Werk gehöre nach Deutschland. Er fand böse und bittere Worte über die Deutschen. Aber er blieb stets in der Nachbarschaft, sozusagen im Angesicht Deutschlands. Die deutsche Kultur, und am meisten die deutsche Romantik, waren in seinem täglichen Leben in vielerlei Gestalt stets gegenwärtige Richter und Zeugen zu einer unablässigen Bewährung. Er blieb nahe genug, um noch die Nähe dieser Zeugenschaft mit den Sinnen spüren zu können. Denn Hesses hohe Geistigkeit ist durchaus ins Sinnliche gebunden. Sie trennt sich sozusagen daraus ab, wie der Same am Baum, der der ins Wesen verwandelte Baum ist. So sind alle seine Beziehungen im Grunde natürlich gebunden. Und weil das so ist, erleidet er die Krisen des heutigen Menschen in seinem Wesen physisch und psychisch; er kann sich diesem Leiden gar nicht entziehen.

Er lebt sein Leben, obgleich alle Äußerlichkeiten auf Idylle und Romantik deuten, als ein ganz gegenwärtiger, als ein moderner und im Grunde erschütterter Mensch. Allerdings gibt es eine stille Region in seinem Wesen, so alt wie die Welt, mit den Kulturen aus allen Weltgegenden gespeist.

Es gibt unter den lebenden Autoren kaum einen, der so oft seinen eigenen Leichnam hinter sich begrub und jedesmal auf einer anderen Stufe wieder neu anfing. Und jedesmal geschah das aus einer wirklichen und ehrlichen Not heraus, und wenn man die ganze Existenz dann überblickt, ist sie doch eine Einheit geblieben.

*Mit seiner Frau Ninon beim Boccia-Spiel, 1935. Photo: Martin Hesse.*

Wahr zu sein verpflichtet Hesses unverbrüchliche Geistesverschworenheit, jung zu sein, seine unbestechliche Lebenstreue – Zeitflucht ist nicht seine Sache. War es Zeitflucht, daß er lang vor dem Ersten Weltkriege das bramarbasierende Deutschland Wilhelms des Zweiten gegen die Schweiz vertauschte, der erste freiwillige Emigrant der zeitgenössischen deutschen Literatur? Es war aktive, ostentative Abkehr. War es Zeitflucht, daß er nicht unter seinem, sondern Sinclairs Namen den »Demian« erscheinen ließ? Es war heikler Wahrheitssinn, der dem Buch die echte Wirkung wünschte, jenseits des Für und Wider um die Person des Verfassers. Aber Kastaliens Weltentrücktheit im »Glasperlenspiel«? Nein, auch das ist nicht Zeitflucht: der Magister Ludi Josef Knecht legt nach Jahren rühmlichen Wirkens Amt und Würden nieder und geht in die Welt, um sich der Jugend in der Zeit zu verbinden… Nein, Zeitflucht ist nicht seine Sache, wohl aber Zeit-Überwindung. In ihm läutert sich die Zeit.

Alles, was er schrieb, ist Spiegel seines eigenen Lebens. Alles ist Bekenntnis. Diese Beschränkung auf Selbstdarstellung und Bekenntnis kann manchem als Mangel erscheinen. Aber der Mangel ist zugleich höchster Vorzug, denn nichts in seinem Werk ist bloß »Literatur«; nirgendwo ist etwas Oberflächliches, eitel und spielerisch Hinzuerzähltes. Alles, was er sagt, trägt das Zeichen der Wahrheit, des eigenen Erlebens, trägt den Glanz von schwer erkauftem Glück und die Spuren von Tränen, schlaflosen Nächten und heftigen Auseinandersetzungen mit den Schwierigkeiten seines eigenen Wesens und mit den Fragen und dem Schicksal der Zeit.

Er ist ein Dichter. Dieses Wort wird häufig mißbraucht. Leute, die Bücher oder Gedichte schreiben, sind Schriftsteller, aber nur einige Schriftsteller sind Dichter. Das Wort »Dichter« bezeichnet höchste Qualität: Reichtum an Einfällen, Beherrschung der Sprache und der dichterischen Form, Ursprünglichkeit, Einmaligkeit und geistige Kraft der Persönlichkeit, und jenes Unwägbare, das wir mit den Worten »Genius«, »Gnade«, »dichterische Berufung« nur unzulänglich treffen. Hermann Hesse ist ein Dichter. Was er schreibt, ist so ursprünglich, so unnachahmlich, in jeder Satzfügung so ganz er selbst, daß man ihn aus jeder Gedichtzeile und jedem Prosastück augenblicklich erkennt.

Und wenn er den Nobelpreis bekam für sein Werk, so bedeutet dies eine Anerkennung des deutschen Beitrags an die Kultur, und es ist uns ein Beweis dafür, wieviel Hesse, der Dichter und Pazifist, dazu beigetragen hat, daß die Völker der Erde den Glauben an dieses Deutschland nicht aufgegeben haben. So ist es Hesse gelungen, mitten in Verzweiflung und Müdigkeit etwas Positives zu erreichen, und dies ist das Zeichen seines Lebens: das »Trotzdem«.

*Hermann Hesse im Januar 1947 in Marin. Photo: Martin Hesse.*

Kein Weiser im abgeblaßten Sinn sind Sie, Hermann Hesse. Ein Herausgebrochener aus Traditionen und Konventionen, ein Hingerissener, Quellen und Urwald Bewohnender. Und wenn man Ihre leisen, die träumerischen Gedichte liest und sich damit wie sternenumschimmert fühlt, so wissen wir, die selbst einen Stern bewohnen, nicht einmal, was dieses Wort bedeutet, von dem wir gewohnt sind, so viel Trost zu holen. Vielleicht auch nur kraterdurchwühlender Sand, das Augenzwinkern welchen Geheimnisses? Und darum, Hermann Hesse, sind Sie für mich der Dichter vor vielen anderen: weil Sie sich nicht beruhigen und wissen, was es heißt, »sich einen Urwald in einen Garten umzulügen«, und da Sie Mensch sind, auch die Angst kennen vor dem Überfall des »Furchtbaren«, vor dem es kein Entrinnen gibt.

(In einem Brief vom 23.6.1947 von Nelly Sachs an Hermann Hesse)

Für Hermann Hesse zum 85. Geburtstag in tiefer Verehrung

*Die gekrümmte Linie des Leidens
nachtastend die göttlich entzündete
Geometrie des Weltalls
immer auf der Leuchtspur zu dir
und verdunkelt wieder in der Fallsucht
dieser Ungeduld ans Ende zu kommen –*

*und hier, in den vier Wänden nichts
als die malende Hand der Zeit
der Ewigkeit Embryo
mit dem Urlicht über dem Haupte
und das Herz, der gefesselte Flüchtling,
springend aus seiner Berufung:
Wunde zu sein –*

Wer denkt und handelt wie Hermann Hesse, wird sich die vertrauende Zuneigung aller Gefährdeten und aller, die Sehnsucht nach einem beseelten Leben haben, aber auch den Spott und mehr noch die Rachsucht der wirklichen oder sogenannten Herrenmenschen, der Nationalisten, der Rassenfanatiker, der Doktrinären, der Intellektuellen, mit einem Wort der Dummköpfe der Welt zuziehen.

Hermann Hesse ist beides, Zuneigung und Haß, in überreichem Maß zuteil geworden. Aber weder hat ihn die Verehrung der Vielen stolz werden lassen, noch hat ihn die Feindschaft der anderen verbittert. Wie der Mensch, so auch der Dichter Hermann Hesse.

Wer mit den Großen im Reich der Kunst in engere Berührung kommt, erfährt oft genug, was für ein seltsamer und peinlicher Widerspruch zwischen ihrer künstlerischen Haltung und ihrem menschlichen Gebaren herrscht. Bei einem Manne, der so innig nach Wahrhaftigkeit trachtet wie Hermann Hesse, ist dergleichen unmöglich.

Der Tonfall, in dem Hermann Hesse seine Geschichten erzählt oder seine Gedichte singt, ist unverwechselbar. Eine gewisse schwäbische Zutraulichkeit, eine fast mädchenhafte Zurückhaltung, ein Humor, der aus dem Staunen über die Köstlichkeit und Schönheit des jämmerlichen Lebens besteht, eine schmerzliche Entsagung, eine holde und reine Melodik vereinigen sich zu einem ganz ungekünstelten und doch sehr gedachten Stil. In der Spannung dieses Stils offenbart sich der ganze Mensch: den Worten, Spielen und Märchen der schwäbischen Heimat verhaftet und doch ein Weltbürger des Geistes, weich und sinnenhaft und doch ein Asket, ein Müßiggänger und Zeitvergeuder und doch unentwegt zur Arbeit bereit, ein vom Leben in ungewöhnlichem Maße Gequälter und doch ein Jasager, ein Einsiedler und doch ein Menschenfreund, einer, der es nicht lassen kann, die Wahrheit zu sagen, und der doch liebenswert bleibt.

*Hermann Hesse
in seinem Garten, 1935.
Photo: Martin Hesse.*

Als ich vierzehn Jahre war, gab unser Deutschlehrer uns für einen Hausaufsatz das Thema »Mein schönstes Buch«, und ich wählte zu seinem fassungslosen Erstaunen »Peter Camenzind« von Hermann Hesse. Daß es nicht Wildenbruch oder Gustav Freytag oder Coopers Lederstrumpf war, sondern der Roman eines unbekannten schwäbischen Dichters, der obendrein eine gewisse freie Auffassung von der Schönheit des Weins und der ewigen Abenteuerlust des Herzens bekundete, war für meine Reputation nicht günstig. Die Lehrer hatten fortan ein noch schärferes Auge auf mich…

Seine Werke gehören zum edelsten deutschen Sprachgut. Und in einer Zeit, da die Epoche des Phrasengeknatters offenbar durch den Kanzelstil der Dauerpredigten abgelöst ist (weshalb auch die weltlichen Kirchen bald leerstehen werden), sollte man es eigentlich als eine Wohltat empfinden, das ruhige, ernste kristallene Deutsch dieses Dichters zu lesen…

Es ist klar und tief zugleich, weshalb für den, der nur von oben ins Wasser schaut, es eben wegen seiner Tiefe undurchsichtig bleiben muß. In diesem Sinn ist auch der »Steppenwolf« ein undurchsichtiges Buch, aber das sich sogleich enthüllt, wenn man den Mut aufbringt, unterzutauchen. Dieser Mut ist freilich bei Hesse (wie bei jedem wirklichen Dichter) unerläßlich. Wer sich nur unterhalten lassen will, soll seine Werke gar nicht erst aufschlagen. Ich sage dies, obwohl es auch sehr unterhaltende Bücher aus seiner Feder gibt, etwa den »Kurgast«, ja überhaupt seine Romane an unterhaltenden Partien reich sind und reich an krausem Humor.

## HERMANN KASACK
**1947**

## PAUL RILLA
**1950**

## ERNST PENZOLDT
**1952**

Aus jugendlich franziskanischem Herzen geht Hesse immer wieder ins Gericht mit bürgerlicher Trivialität und Banausentum, mit Gemeinplatz und Phrase, mit den verlogenen und blind gewordenen Idealen der Zeit… Wenn er auch in seinen Büchern von sich selber erzählt, so schildert er nicht das Schicksal des Privatmenschen Hesse, sondern er nimmt sich als empfindliches Beispiel für das Schicksal und die Krise des abendländischen, des deutschen Menschen unserer Zeit. Jedes seiner Werke legt von dem gesunden Widerspruch gegen Dogma und Zwang Zeugnis ab. Aber niemals steht das Negative der Gesellschaftskritik im Mittelpunkt, sondern das positive Bild einer natürlichen Lebensform, sie fängt bei der Prüfung und Reinigung des eigenen Ichs an.

Entzieht sich Hermann Hesse den Aufgaben der Zeit? Er erfüllt seine Aufgabe, der Zeit das Kräftespiel der ewigen Lebensmächte entgegenzuhalten, im fliehenden, zerrinnenden Tagesspuk das Urbild des Daseins und alle schöpferischen Elemente der künstlerischen Verzauberung rein zu bewahren. Wo es galt, sich im politischen und geistigen Wirrwarr der Zeit zu bekennen und zu entscheiden, da hat Hermann Hesse seiner Gewissenspflicht genüge getan wie kaum einer unter den Schreiern einer lärmenden Zeitgemäßheit. Man denke an seine Haltung im Krieg. Aber des Dichters, des Künstlers Sendung erschöpft sich nicht im Stellungnehmen. Dienst an der Zeit, Dienst am Geist, – Hermann Hesse hat beides geleistet. Nur unterwarf er niemals den Geist dem Diktat der Zeit. Er wußte immer, daß die Weltstunde nach anderen Zeitmaßen mißt.

Denen, die aus nationalen oder politischen Empfindlichkeiten mit Dichtern wie Hermann Hesse hadern zu müssen meinen, sei gesagt, daß diese Dichter von je durch ihre guten Werke mehr für Vaterland und Mutterland, für ihr Volk und alle Völker der Welt getan haben, als irgendein Staatsmann es vermag. Die großen Staatsmänner wissen es auch. Die Erhalter und Hüter des nicht an Grenzen gebundenen Reiches der Sprache retten oft das schon geographisch begrenzte Land über seine zeitlichen Niederlagen hinweg. Aber auch die Sprache kann Niederlagen erleiden, besiegt werden, verarmen und zugrunde gehen. Sie ist immer in dieser Gefahr. Das Bewußtsein, daß in den vergangenen schlimmen Jahren ein Hermann Hesse innerhalb dieser Gefahr lebte und dichtete, war ein großer Trost, ein vaterländischer Trost… In meiner Zunft verehre ich Hermann Hesse am meisten.

Ich habe behauptet, das Ziel aller dichterischen Bemühungen sei, am Abend des Lebens so auszusehen wie Hermann Hesse heute aussieht. Man braucht ihn dann eigentlich nicht mehr zu lesen, sondern nur noch anzuschauen, um seines Werkes und Wirkens innezuwerden. Denn die Identität seiner geschriebenen Person und seines Antlitzes ist vollkommen. Aber wir würden ihn ja nicht wirklich sehen, ohne ihn gelesen zu haben!

*Hermann Hesse, 1955.*
*Photo: Martin Hesse.*

## MAX RYCHNER
1951

## WERNER WEBER
1952

## CARL SEELIG
1952

Der einfache, ruhige Gang von Hesses Prosa täuscht jene Leser, die nicht ahnen, in welch vielfältig bewegten Hintergründen er anhebt. Diese Einfachheit des Ausdrucks zu erreichen, ist nicht einfach. Sie überzeugt auf ihre musikalische Weise, ihr Andante übt eine nur ihr eigene Bezauberung aus. Ihre Ordnung und Gehaltenheit haben klassizistisches Gepräge; damit verglichen ist die Prosa Thomas Manns der reine Manierismus; hochpersönlich bis ins einzelne, formenwuchernd, spielfreudig, reich an Wort- und grammatikalischem Formenschatz, aufnehmend und sich anverwandelnd, was da über den Weg läuft. Hesses Stärke ist aussparender Art wie die Linienführung einer Melodie.

Seine produktive Erhebung trägt den Briefschreiber in eine Sphäre des Ernstes, wo nicht nur der Empfänger, sondern all seine Anliegen von gleicher Wichtigkeit werden. Keine ungeprüften spontanen Einfälle, keine Ironie, kein Wechsel der Tonart; es ist achtunggebietend, mit welch gediegenem Ernst, mit welcher Sachlichkeit er auf die Fragen eingeht, in denen er einen Geist oder ein Gewissen befangen sieht, dem er helfen will.

Der Umstand, daß sein Name einer Welt geläufig ist, hat ihn auf seinem geistigen Weg nie beirrt. Ja, man kann bemerken, daß sein Trotz gegen den Betrieb im Laufe des Lebens nur immer entschiedener wurde. Mit jedem Mittel, das ihm geistig und künstlerisch zur Verfügung stand, hat er sich gewehrt. Solche Abwehr ist bei Hesse rücksichtslos, wenn es um die Bewahrung des Selbst vor dem Anspruch eines Kollektivs geht. Aber wie zugeneigt ist er dem Einzelnen! Da kann er lächelnd besänftigen, ironisch zurechtsetzen, hart verweisen, innig erheben – und hinter allem steht die Ehrfurcht vor den unwiederholbaren, unvertauschbaren Verhältnissen des Einzelnen. Hermann Hesse, der sich der Menge versagt, ist ein liebender Verschwender der geistigen Begegnung von Mensch zu Mensch.

*Mit Kater »Löwe«*
*im Juli 1935.*
*Photo: Martin Hesse.*

Er hat die Jugend immer ermahnt, sich durch eigene Kraft und durch eigenes Leid zu einer Persönlichkeit, zu einem Charakter zu entwickeln – und sei es auch zu einem Charakter mit Stacheln, Säuren und schadhaften Stellen. Solche Sünder waren ihm von jeher lieber als die denkfaule Masse, wie er auch trotz seiner Einbürgerung [in die Schweiz] immer mehr ein Weltbürger als ein patriotischer Schweizer, mehr ein temperamentvoller Bejaher der unkriegerischen Gewaltlosigkeit als ein Privatmann im klassenkämpferischen und politischen Sinn gewesen ist. So entschieden er sich etwa stets gegen jede Diskriminierung der Juden ausgesprochen hat, so klar ist von Anfang an seine gegnerische Haltung gegenüber der jede Kriegsschuld wegleugnenden deutschen Republik und selbstverständlich auch gegen den Nationalsozialismus mit all seinem widerwärtigen Chauvinismus gewesen. Nie hat er ferner aus seiner Abneigung gegen die deutsche Dichter-Akademie oder gegen das normierte, mechanisierte Leben einen Hehl gemacht, und unter allen abendländischen Zeiterscheinungen ist ihm keine dümmer und rabiater vorgekommen als der »faustische Mensch«, als der die deutschen Patrioten eine Paria-Stellung unter den Menschen glauben einnehmen zu müssen.

## RUDOLF KAYSER
1952

## REINHOLD SCHNEIDER
1952

## RUDOLF ALEXANDER SCHRÖDER
1952

Der letzte deutsche Romantiker? Ja, wenn wir den Begriff der Romantik so weit spannen, daß er Gott und die Tiefenpsychologie, Ost und West, Geschichte und Zukunft umfaßt. Nie hat Hesse Ruhm und Erfolg gesucht, aber sie fanden ihn. Als er den »Demian« schrieb, wollte er sich hinter einem Pseudonym verbergen. Er war verärgert und erbittert, als durch Indiskretion seine Verfasserschaft aufgedeckt wurde.

*Im Gespräch, 1952. Photo: Martin Hesse.*

Hesse gehört zu denen, die ein Recht haben, unser Gewissen zu wecken, zu beunruhigen – und das der Welt. Daß es unser Volk doch erkennen würde, daß die Erforschung des Gewissens – in innerer Freiheit, auch unter äußerem Zwang und unabhängig von allem, was in der Welt verschuldet und versäumt wird, seine erste und edelste Aufgabe, sein heiliges Vorrecht, der einzig feste Grund seiner Zukunft ist!

Unter unsern heutigen Erzählern dünkt mich Hermann Hesse der einzige, der das große Erbe in voller Freiheit verwaltet. Ich brauche nur an die sekundäre, die gewissermaßen verklemmte Rolle zu erinnern, zu der das romantisch-mystische Moment bei einem so bedeutenden Autor wie Thomas Mann verurteilt ist, etwa im Josephsroman oder selbst in der sich so nah an den Grenzen des nicht mehr Sagbaren bewegenden Geschichte seines Doktor Faustus. Wie anders im »Siddhartha«, im »Steppenwolf«, im »Demian«, in »Narziß und Goldmund«, um von der letzten großen Mythendichtung hier noch nicht zu reden. In diesen Dichtungen herrscht mit unbezweifelter Machtvollkommenheit das so eminent, so primär dichterische Prinzip des Märchens, dem alles Undurchsichtige der Welt transparent, alles gemeinhin Durchsichtige und Überblickbare zur Hieroglyphe verborgener Sinngebung und Entelechie wird... Der »Demian« dünkt mich unter den Werken der mittleren Zeit das zusammengefaßteste und in aller Knappheit und Straffung reichste. Nicht die Theoreme, die zur Sprache kommen, lassen mich das sagen; gegen die hätte ich schon dies und jenes einzuwenden; wohl aber ist es die Kunst, und nicht nur sie, sondern das schon zur Helligkeit herangereifte Weltgefühl, das hier durch Spiegelung hinter Spiegelungen – denn auch Traum und Erinnerung sind Spiegel – in das Rätsel des »tat twam asi« blickt, abendländisch gesagt: in das Rätsel und Geheimnis der geforderten und geahnten, obschon nie völlig erzielten Identität von Welt und Seele, von Du und Ich. – Ich kann mich auf keine der Einzelheiten einlassen, in denen dies, aufs Ganze gesehen, doch wohl mehr magische als mystische Lebensgefühl Gestalt gewinnt, auch nicht auf die Magie des Eros, die in diesen Erzählungen und Berichten aus einer Seelenwelt, in der alles auf alles angewiesen erscheint, immer wieder einen Erwählten und Gezeichneten zwingt, unter die Last des andern, ihm vom entgegengesetzten Pol her Zugeführten zu treten. Nur mit einem kurzen Wort darf ich darauf hinweisen, wie oft und wie unerbittlich der Ausgleich, das Zusammenfallen zweier Welt-Hälften, Welt-Aspekte oder auch, wenn man will, Temperamente – das Wort an seinem alten, welthaltigen Sinn genommen – nur um den Preis des Lebens selbst errungen wird.

Hermann Hesse hat dem Geiste gedient, indem er als Erzähler, der er ist, vom Widerspruch zwischen Geist und Leben und vom Streit des Geistes gegen sich selber erzählte. Eben dadurch hat er den hindernisreichen Weg wahrnehmbarer gemacht, der zu einer neuen Ganzheit und Einheit führen kann. Als der Mensch aber, der er ist, als der homo humanus, der er ist, hat er den gleichen Dienst geleistet, indem er stets, wo es galt, für die Ganzheit und Einigkeit des Menschenwesens eintrat.

Hesse wies mich zurecht, mit Maß und Gerechtigkeit, nicht im geringsten wie ein Kettensprenger und Widersacher einer zu überwindenden alten, verwerflichen Welt, nein, er tat es mit Ordnung, Genauigkeit, völlig ausgewogen und schon im Besitz großer Reife. Kein Zweifel: etwas trat damals in mein Bewußtsein, was mich mit den Wesenszügen meiner heimischen Voraussetzung versöhnte und mir ihren unverlierbaren Wert aufschloß, dabei war in jenem Gespräch [mit ihm] weder von Heimat noch von Überlieferung die Rede. – Was Hesse, ein schiefes entliehenes Urteil in ein wirkliches Urteil umwandelnd, zu mir sagte, hat sich für mich in der Folge, nach dem ersten Kriege, in der stärksten und glücklichsten Weise bewährt.

Ich habe den Erfinder »wunderbar begabter Liebhaber des Lebens« mit ihren wehmütig-leisen Zweifeln, ihrer klugen Vorsicht kennengelernt, den Erfinder Knulps und Goldmunds. In Augenblicken stand auch ein Bekenner vor mir, ein Mann, der empört über die Verblendung und die brudermörderische Torheit seiner Zeitgenossen bereit war, Thesen anzuschlagen, um aber schließlich doch immer als Dichter in die Aussagen seiner erdachten Gestalten zurückzufinden und seine Proteste dem gesamten Werk einzuverleiben.

*Beim Tee in der Bibliothek (1935)*
*mit seiner Frau und deren*
*Schwester Lilly Kehlmann.*
*Photo: Martin Hesse.*

## ARNOLD ZWEIG
1957
## WERNER HELWIG
1957
## RUDOLF HAGELSTANGE
1957

Aus dem Geist der genialen Pastorale (Beethoven) ward Hermann Hesse einst gezeugt und stellte als Nobelpreisträger die Ehre unserer vom Nazitum geschändeten deutschen Sprache und Dichtung der Welt wieder vor Augen.

*Beim Gartenfeuer, 1952.*
*Photo: Martin Hesse.*

Es war also, gemäß dem Urspruch des »Demian«, gar nicht so schwer, das zu leben, was in uns gelegt ist. Es war nicht schwer, nein, aber der Schritt war zu leisten. Und das war nicht leicht. Und Hesse hat es sich nach dem »Demian« zunehmend weniger leicht gemacht, um zu einer Form von unaufdringlicher Wahrhaftigkeit zu gelangen. Man stelle sich einen Hesse vor, der, geschäftstüchtig wie manche unserer schreibenden Zeitgenossen, die Demiankarte, die so gut zog, immer weitergespielt, ausgespielt hätte...

Hesse hat uns im »Glasperlenspiel« – seinem eigentlichen Hauptwerk – ein Handbuch innerer Daseinspraktik gegeben. Ich nenne es Handbuch, weil hier der Verzicht auf Stilvergnügtheiten, auf Federpompöses, Gedrechselt-Selbstgefälliges in einer so ungeheuerlich – wenn ich sagen darf – anti-eitlen Art zum Ausdruck kommt, daß die Sache selbst, das angestrebte große Wunschbild mit zwingender Klarheit sich in uns, den Lesern, verwirklicht. Wir sind endlich einmal nicht nur unterhalten und angenehm unverpflichtet von uns selbst abgelenkt, sondern wir sind der Gegenstand, den ein verantwortungsreifer Pädagoge zum Profil, also zur Selbstgewißheit, nötigt. In diesem Sinne ist das Alterswerk des Dichters von Zeile zu Zeile, sei es brieflich, sei es im Gedicht (von denen die reimlosen zu den Kostbarkeiten im Gegenwartsraum deutscher Sprache zählen) zu reinem Lebenswein geworden. So rein wie kühl. Doch ist es eine Kühle, die im Nachgeschmack wärmt. Sprechen wir ihm zu. Wir haben es nötig.

Die schwäbische Idylle wird bei Hermann Hesse zum Schlachtfeld der Seele; der Romantiker von Geblüt wird zum fanatischen Wahrheitssucher; der an unglücklicher Erziehung Krankende wird zum großen Selbsterzieher... Etwas von jenem urdeutschen »Gerichtstag halten über sich selbst« geht durch sein Lebenswerk, das auf Entwicklung, Reinigung, Wiedergeburt aus ist, eine Selbstdarstellung, die das Mittel zur Selbstentdeckung und Selbstbefreiung ist. Zwischen den Polen schmerzhaftester Wirklichkeit und heiterster Traumhaftigkeit ist das Seil gespannt, auf dem dieser Mann Himmel und Hölle durchwandert, traumwandlerisch sicher. Das Phantastische bleibt faßlich, das Faßliche phantastisch bei ihm, das Bittere süß, das Süße bitter zugleich. Wirklichkeit und Traum sind so eng miteinander verwoben wie im Dasein aller Menschen, die sich nicht mehr belügen wollen. Seine gelungensten Bücher treffen den Nerv dort, wo wir am verwundbarsten sind. Er ist ein Steppenwolf von Natur und Geist, und anders sollten wir ihn uns nicht wünschen. Er hat uns manches verübelt, was wir uns selbst lange nicht genug übelnahmen. Wir haben mit den Wölfen geheult, die wir hätten zerreißen sollen. Es wäre uns besser bekommen, hätten wir mit dem Steppenwolf geheult.

### GERHARD MAUZ
**1962**

Wer sich über die Ausgewogenheit im Werke Hermann Hesses beklagt, wer es zu friedlich findet, zu ausgesöhnt, der übersieht, daß dieser Friede in Kämpfen gewonnen wurde. Daß kaum ein Schriftsteller in der ersten Hälfte dieses Jahrhunderts so unbeirrt die Partei des Menschen ergriff, ist nicht zu bestreiten. Er war ein Mann, der Liebe wert. »Daß er die Schwächen eines größeren Mannes hat, als ihm zukäme«, fand Musil 1938 an Hesse komisch. Nun, wir sind dankbar heute, wenn einer seine Schwächen bei sich selbst austrägt und nicht ein Problem der Menschheit aus ihnen macht. Wir sehen Größe nicht mehr darin, daß einer stark ist.

### ERICH KÄSTNER
**1971**

Meine Erinnerungen an Hermann Hesses Kameradschaft gehören zu meinen, was die Literatur anlangt, angenehmsten Erfahrungen. Es ist keine leichtfertige Redensart, wenn ich sage und schreibe, daß dieser Mann und Kollege mir unvergeßlich sein wird.

### KURT VONNEGUT
**1973**

1946, ein Jahr nach Hitlers Tod, bekam Hermann Hesse den Nobelpreis – nicht als Deutscher, sondern als Schweizer. Er war kein Vertreter einer deutschen Kultur, die aus Ruinen wiederauferstand. Er war ein Vertreter einer Kultur, die Deutschland auf dem schnellsten Wege verlassen hatte, ehe der Holocaust begann.

*Blick aus Hesses Bibliothek in das Eßzimmer. Photo: Isa Hesse.*

### HENRY MILLER
1973

### ROBERT JUNGK
1973

### HILDE DOMIN
1976

Hermann Hesse ist ein Dichter, Maler, Musiker und Magier, alles zugleich. Er ist mehr als ein Schriftsteller, er ist ein großer Mensch. »Siddhartha« ist mir von allen seinen Werken das liebste, geradeso wie die »Mysterien« von Hamsun.

»Siddhartha« ist ein Buch, dessen Tiefe in der einfachen und klaren Sprache liegt, einer Klarheit, die vermutlich die geistige Erstarrung jener literarischen Philister aus dem Konzept bringt, die immer so genau wissen, was gute und was schlechte Literatur ist. Einen Buddha zu schaffen, der den allgemein bekannten Buddha übertrifft, das ist eine ungeheuere Tat, gerade für einen Deutschen. »Siddhartha« ist für mich eine wirksamere Medizin als das Neue Testament.

Hermann Hesse war ein über die Tagespolitik hinausdenkender Visionär künftiger Politik. Selten ist die Rolle des denkenden, an einer radikalen Veränderung der Strukturen und der Lebensweise interessierten Individuums, das sich dennoch weigert, ja weigern muß, revolutionären Programmen oder Funktionären zu folgen, so intensiv durchdacht worden. Hermann Hesse könnte als einer der wenigen gesehen werden, die der Historie einen neuen Weg weisen, einen ganz anderen Horizont, an dem nicht mehr Schornsteine oder Hochspannungsleitungen zu sehen sind, sondern ein neuer, freier und weiter Himmel, der ein Innen wie ein Außen ist.

Als Deutschland von der Landkarte gestrichen worden war, war Hermann Hesse nicht mitgestrichen worden. Man konnte ihm sogar schreiben, und er antwortete auch. Er übernahm es, das Gegenüber zu sein, der Ältere, an den ein ganz junger Dichter sich wenden durfte, und insofern er da war, war es fast so, als sei Deutschland noch da. Auch wenn auf dem Brief eine Schweizer Briefmarke war. Er selber hat wohl kaum ermessen können, was uns das bedeutet hat.

*Hermann Hesse im August 1932 vor dem Liebespaar-Gobelin von Maria Geroe-Tobler. Photo: Martin Hesse.*

Rühmen wir den Dichter an seinem hundertsten Geburtstg, so haben wir es zu tun mit einer Figur, die – in allem Ernst – noch immer im Werden ist. Ruhm, so lautet ein Wort Rilkes, ist nicht mehr als die »Summe aller Mißverständnisse, die sich um einen großen Namen sammeln«. Nachruhm ist, denk' ich, etwas anderes und etwas Verläßlicheres. Es ist nichts anderes als dies: gelesen werden. Gut, mit Liebe, in Gerechtigkeit gelesen werden. Freilich: was die Gerechtigkeit betrifft, so sind wir im Fall Hesse zu ihr erst auf dem Weg. Als der Dichter am 9. August 1962 im Alter von 85 Jahren starb, waren einige Nachrufschreiber geneigt, einem – wie sie meinten – Längst-Toten eilig und lieblos ein Grab zu schaufeln. Wenige Jahre danach gab es auf dem Umweg über amerikanische und japanische »Steppenwolf«- und »Siddhartha«-Erfahrungen etwas wie eine stürmische Auferweckung aus diesem Grab des Vergessenseins; auf den Bücherbrettern der Jungen und Jüngsten – auch bei uns.

Die, die ihn von langer Hand her kannten, hatten jene beim Tod ausgesprochenen Totsagungen gelassen zur Kenntnis genommen: »abwarten!«… Ihr Dichter war für sie zu keiner Zeit ein romantischer Großpapa, nie der Herold jener berühmt-berüchtigten »Innerlichkeit«, und nie der Fahnenträger der Blumenkinder gewesen.

Wer so zu erzählen vermag, daß mans nach fünfzig Jahren noch nahezu auswendig weiß – ihr könnt sagen, was ihr wollt: das ist ein Dichter.

Der verborgene Mann im Tessin war fast nie ein »Mann im Abseits«. Was ihn wesentlich bestimmt hat, war seine Kraft, durch die Schleier der Täuschung hindurchzustoßen. Er hat die Kriege der Kollektive

früher, tiefer, genauer erkannt als die meisten seiner Zeitgenossen, und er hat den Posten bezogen, auf den ihm alles ankam: den Platz des Einzelnen.

*Hermann Hesse im Juli 1935.*
*Photo: Martin Hesse.*

Ich war vierzehn oder fünfzehn, als ich »Unterm Rad« las. Hier sprach einer das aus, was mich schier erstickte. Er tat es nicht in der distanzierten Sprache der besserwisserischen Erwachsenen, er schien mir vielmehr noch im nachhinein verstrickt, und seine Phantasien glichen den meinen. So habe ich auch andere Bücher Hesses gelesen. Er war mir vertrauter als die meisten Schriftsteller, denn ihm habe ich mich wenigstens einmal, ohne daß ich ihn kannte, anvertrauen können.

Als ich selber zu schreiben begann, fing ich an, ihn zu verraten. Noch immer hörte ich, trotz des artistischen Widerwillens, den brüderlichen Tonfall dieser Stimme, noch immer konnte ich mich mit ihm zur Wehr setzen, aber eben das war mir eher peinlich. Ich hörte nicht auf, ihn zu lesen, aber in Unterhaltungen wertete ich ihn ab; ich redete über ihn und seine Bücher wie über eine vergangene Liebesaffäre, die einem lächerlich und nicht mehr geheuer ist…

Andere Schriftsteller wurden mir wichtiger, von ihnen lernte ich, scheinbar, mehr. Inzwischen weiß ich, daß diese rigorose Abwendung notwendig war: ich verließ zum zweiten Mal Kindheit und Jugend, machte mich erwachsen, indem ich mich von dem guten Gefährten abstieß… Ich fand ihn wieder, lernte ihn neu und sicherer verstehen. Dabei half mir keines seiner eigenen Werke, sondern die in ihrer Art unvergleichliche Dokumentation »Kindheit und Jugend vor Neunzehnhundert – Hermann Hesse in Briefen und Lebenszeugnissen 1877-1895«.

Ich erinnere mich noch genau. Es war im Herbst 1966. Ich sammelte Material für einen Roman (»Das Familienfest«), der die Geschichte einer schwäbischen Familie und zugleich die Fragwürdigkeiten historischer Vermittlung erzählen sollte. Überdies ging es mir auch um die ideellen Wurzeln solcher Lebensläufe, den Pietismus und den Idealismus. Auf meinem Schreibtisch häuften sich Bücher und Notizen. Längst hatte ich mich in die Schriften Blumhardts, Bengels, Oetingers, der schwäbischen Pietisten vertieft, war Kindheit und Jugend Hölderlins in dem Dokumentarband Adolf Becks nachgegangen, hatte skurrile Anekdoten in unveröffentlichten Familienbüchern gefunden, war mir darüber im klaren, daß ich die erfundene Familie Lauterbach nennen würde – gleichwohl fehlte es mir noch an Anschauung oder besser: an einer vorgegebenen Figur, die meine Vorstellung von der Hauptperson, Georg Lauterbach, stützen wie stören könnte.

Als ich die Hesse-Dokumentation in die Hand bekam, hatte Georg Lauterbach durchaus schon Konturen, doch er war, zu meinem Verdruß, nur erwachsen, es fehlte ihm an Kindheit... Also brauchte ich einen Zeugen, der nicht durch Zeit und Sprache entrückt war, der nicht nur gläubig diente, die Enge hinnahm, sondern aufmuckte, aufbrach. Ich fand ihn in Hesse... Ich hörte nicht mehr auf zu lesen; nein: ich hörte nicht mehr auf zu hören. Denn in diesem Buch wird das bedrängende Stimmengewirr vieler Kindheiten laut. Viele reden, neben den Eltern, mit – die Verwandten, die Lehrer, die Geschwister. Alle »meinen es gut«, geben Ratschläge, reden auf das Kind ein; trösten, halten an, zwingen, lenken ein, geben manchmal nach; sie dominieren einige Zeit, bis die eine, die Gegenstimme, deutlicher, selbstsicherer, auch schriller und renitenter wird; bis der Geführte sich wehrt. Er soll einer nach dem Bild der anderen werden; er soll sich klug und im Glauben ergeben fügen. Er kann es nicht. Er bringt zuviel an Eigenem mit, das er schützen will. Immer wieder bricht er aus, befremdet die Ratgeber, die, endlich ganz und gar ratlos, so weit gehen, ihn in der Nervenheilanstalt Stetten unterzubringen. Das traf mich unmittelbar. Ich dachte eine Weile nicht mehr an Lauterbach. Ich hörte diese Stimmen so, als hätten sie mir gegolten. Alle diese aus unerreichbarer Höhe gesprochenen Zweifel, diese milde verordneten Zwänge, diese gewaltige Güte; und dagegen die sprachlose, ohnmächtige Wut, die Handlungen, die man nicht erklären kann. Ähnliches hatte ich erlebt, und damals hatte ich mich in Hans Giebenrath gespiegelt.

Jetzt, zwanzig Jahre danach, brauchte ich die hilfreiche Fiktion nicht mehr, sondern antwortete, freilich aufgewühlt, auf eine brüderliche Unruhe, die ich mir ebenso zu erklären versuchte wie sechzig Jahre zuvor der Autor von »Unterm Rad«.

Man beginnt seine politische Hellsicht, seinen demokratischen Eigensinn, seine Wachsamkeit zu erkennen und ohne Vorurteil zu werten. Das Bild des Träumers, des die Welt verachtenden »Glasperlenspielers« verblaßt zugunsten eines anderen: das eines sensiblen Realisten.

*Hermann Hesse um 1909.*
*Photo: Mia Hesse.*

35

## ROLF SCHNEIDER
**1976**

## GERHARD ROTH
**1977**

## JOACHIM KAISER
**1977**

Hermann Hesse ist der letzte Vertreter jener literarischen Epoche, mit der Deutschland wieder Anschluß an die Weltliteratur gewann.

Hermann Hesse ist ein Autor, auf den sich die Kritik derzeit lieber nicht einläßt. Noch ist man sich nicht im klaren, ob Hesse »zeitgemäß« ist, denn »zeitgemäß« ist einer der Begriffe, mit denen die literarischen Betätigungsfelder abgesteckt werden... Hesses Qualität besteht im Anteilnehmen und Anteilnahme-Vermitteln, im geduldigen Abtasten eines Gedankens, seiner ruhigen Entwicklung und Darstellung in einem einfachen, vollendeten Deutsch. Kaum bei irgend jemand anderem in der deutschen Literatur entsteht der Eindruck des Dabeiseins und des Miterlebens mit größerer Unmittelbarkeit und Nachvollziehbarkeit als bei Hermann Hesse.

Die Lust an der Anarchie radikalen Einzelgängertums, die Ferne von eleganter Vermarktung der Sprache und des Denkens ist in keinem Autor unseres Jahrhunderts produktiver, schöpferischer geworden als bei Hesse.
»Er litt, er trug einen schweren Schmerz, und er war von Einsamkeit ausgehungert wie ein Wolf.« Bei Hesse klingt das, 1910 lange vor dem »Steppenwolf«, authentisch. Simples hat bei Hesse nicht nur den Stempel des Wahrhaften, sondern auch des künstlerisch Wahren... Er breitet sein Inneres nicht clever aus, sondern er schafft und schützt erbittert einen Bezirk für sein reines, simples, keineswegs simplifizierendes Deutsch. Hesses Verhaltenheit, eine Lebensart, der alle Angeber-Pose, Literateneitelkeit und Ruhmsucht fern war, darf uns nicht täuschen. Er war kein »Bescheidener«. Er verachtete die Öffentlichkeit zu sehr, um eine Berühmtheit, die sie stiftet, achten zu können. Dieser scheinbar bäuerliche Künstler hat nicht weniger »elitär« gefühlt und gedacht als Stefan George oder Oscar Wilde. Hesse war reizbar, war überempfindlich – nur aber eben nicht feierlich eitel oder kokett dabei. Heftiges, radikales Angewidertsein verraten die allermeisten Reaktionen Hesses auf Journalistisches, auf Tagespolitisches. Diese Verachtung für den modernen Betrieb war etwas anderes als Kauzigkeit, krankhafte Zurückhaltung oder Sektierertum. Sie war für Hesse Antrieb. Der Antrieb, ein großes Werk zu schaffen. Und keiner Zeile dieses Werkes brauchte er sich zu schämen bis auf den heutigen Tag. Es gibt nichts Schnödes, Gefälliges, auf niederem oder hohem Niveau Taktierendes oder Intrigierendes aus seiner

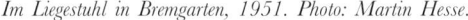

*Im Liegestuhl in Bremgarten, 1951. Photo: Martin Hesse.*

Hand. Hesses Beispiel lehrt, wie die Integrität eines Charakters sogar im Kunstbezirk, wo sogenannte menschliche Werte gegenüber den Formforderungen der Sache normalerweise nicht zu Buche schlagen, zu Büchern zu werden vermag. Hermann Hesses Prosa ist große, manchmal verführerische Dichtung, weil ihr Schöpfer sich von niemandem und nichts verführen ließ.

Liest man heute die Werke dieses großen Dichters, den ein oberflächliches Urteil gelegentlich in und höchst voreilig als »unzeitgemäß« oder »überholt« zu bezeichnen sucht, so überrascht immer wieder die Klarheit und Kompromißlosigkeit der Kulturkritik... Er gehört zu jenen Künstlern, die uns in der Jugend sehr stark zu prägen wissen, dann oft im Leben des Einzelnen zurücktreten, um mit den Jahren in neuer Gestalt und Dimension abermals zum Erlebnis zu werden. Gibt es schönere Anzeichen der Dauer?

Was für mich seit meiner Jugend das Werk und Künstlertum Hermann Hesses bedeutet haben, wäre gar nicht abzumessen.

Hesse ist Romantiker, nicht Idealist. Mit dem philosophischen Wort »Idealismus« kann man allenfalls Hegel meinen: Antithese-Synthese, was dann später umkippte in den Materialismus, Marx. Idealismus heißt Vertrauen in den Verlauf der Geschichte. Die Romantik hingegen hat kein optimistisches Geschichtsdenken, sondern überlegt in Gegensätzen und hat den irrationalen Glauben, daß diese Polarität letztlich aufgehoben ist in einer umfassenden Einheit. Wenn ich sage Romantik, dann gehört dazu auch Hesses Verhältnis zur Tiefenpsychologie. C. G. Jung ist im Grunde ja auch Romantiker.

Ich bin gar nicht der Meinung, daß Hesse einfach sei. Einfach sind bei ihm die Gegensätze: hell – dunkel, Geist – Trieb, männlich – weiblich. Beim »Steppenwolf« aber fallen mir auch die französischen Surrealisten ein: André Breton, Louis Aragon, die in ihren Werken gleichfalls ein wildes Kombinieren der verschiedensten Möglichkeiten versuchen. Nur formulierten sie methodisch und sprachlich gerissener. Wegen seiner Simplifizierungen war Hesse ein Popularisator. Er hat Dinge, die herumlagen, im Bewußtsein herumschwammen, in einer sehr schematisierten Weise dargestellt. Das war seine Stärke und zugleich seine Schwäche.

Eine Zeitlang war das Ich in der Literatur verpönt. Wenigstens im deutschen Sprachgebiet gab es kaum selbstbekennerische Autoren. Anders in Amerika, Henry Miller zum Beispiel, der Hesse auch sehr verehrte. Es ist nicht zufällig, daß Hesse in Amerika wiederentdeckt wurde. Die ganze Beat-Generation, das waren alles Ich-Typen...

*Im Gespräch, 1935. Photo: Martin Hesse.*

Etwas Prophetisches hat Hesse dadurch, daß er einer der ersten Emigranten war. Schon im Ersten Weltkrieg ging er aus Deutschland weg und wehrte sich gegen den Militarismus und Nationalismus. Ein einziges Mal korrespondierte ich in diesem Zusammenhang mit ihm. Das war Anfang der sechziger Jahre aus Anlaß des Atomwaffenverbots in der Schweiz. Wir brauchten Unterschriften von Prominenten. Postwendend unterzeichnete er unser Manifest.

Mich persönlich interessierte Hesse immer mehr als Thomas Mann. Noch durch die »schlechtere« Sprache hindurch fühlte ich mich immer wieder angesprochen, fasziniert.

Es ist nicht abwegig zu vermuten, daß die weltweite Bereitschaft für Hesses Botschaften aus seiner unbedingten, durch Jahrzehnte sich immer stärker ausprägenden Moralität kommt. Er ist einer, der niemals nach der Partei fragt, nicht nach Nationalität oder Rasse, dem jedes Dogma fremd ist.

Manche, ja sogar die Mehrheit der marktbeherrschenden Kritiker in der Bundesrepublik, haben Hesses Briefe und Bücher für naiv und ganzlich unzeitgemäß gehalten und ihm nach seinem Tode ein rasches Vergessenwerden prophezeit. Es ist wahr: Hesse kam weder geistig noch sprachlich auf Stelzen daher, er war kein »Highbrow« und paßte sich nicht an. Jede Art von Literaturbetrieb stieß ihn ab. Er wollte mit keiner der Gruppen und Bünde, Vereine und Akademien etwas zu tun haben, weder im Osten noch im Westen. Er hätte den Nationalsozialismus in Deutschland nicht überlebt. Seine Schweizer Staatsbürgerschaft schützte ihn vor dem Äußersten. Er brauchte nicht mehr zu emigrieren, er konnte sich verbitten, »Ariernachweise« auszufüllen.

Hermann Hesses tiefe Menschenskepsis, seine Verachtung für die Unmoral der seelischen Trägheiten, für die als Tüchtigkeit heuchlerisch maskierte Erwerbs- und Erfolgssucht: Sie sind von der Wahrhaftigkeit gezeichnet und von der solidarischen Geste, die den Komplizierten und Sensiblen und Einzelgängern guttut.

*Hesse 1935 während der Niederschrift des »Glasperlenspiels«.*

*Bei der Lektüre der Briefpost, Ostern 1954. Photo: Martin Hesse.*

### PETER WEISS
**1962/1980**

Er wird für mich immer lebendig sein, so wie mir seine Bücher immer lebendig und gegenwärtig sind…

Hermann Hesse war ein Mensch, der sich stark für andere Menschen interessierte, und viel Wichtiges in Hesses Schriften ist gar nicht in seinem eigentlichen künstlerischen Werk enthalten. Es liegt vielmehr in seinen Beziehungen zu anderen Menschen, eine seiner Hauptqualitäten, die in seiner Korrespondenz sichtbar wird. Er galt für viele, gerade für Menschen meiner Generation, als ein Meister, als ein Mensch, der in der deutschsprachigen Kultur verankert war und doch keinerlei Berührungen mit dem Faschismus gehabt hat. Hermann Hesse stand ja eindeutig auf der Seite der Emigration. Er war schon vor dem Ersten Weltkrieg emigriert und lebte in der Schweiz… Hesse war ganz einfach mein Literatur-Idol, und zwar bis weit in die vierziger Jahre hinein… Seine Person und sein Werk war für meine Entwicklung von großer Bedeutung. In allen Stadien der Emigration, der Umsiedelungen, der Kriegsjahre bis zum heutigen Tag – habe ich seine Bücher bei mir getragen.

### HERMANN SCHWEPPENHÄUSER
**1986**

An Hermann Hesse braucht man heute nicht zu erinnern, man muß ihn nicht ins welke Licht musealer Beschwörung zerren. Er steht merkwürdig lebendig da, von einiger Elektrizität umflossen, die ihre Schocks an uns austeilt.

Tot war er schon zu Lebzeiten, in dem schrecklichen unerlösten Sinn, der dem Wort ›erledigt‹ zuwuchs. Öffentlich erledigt war er 1914, als er wagte, nicht kriegsbegeistert zu sein und den Krieg bei den wahreren Namen der Mordlust und Selbstzerstörungswut nannte. Erledigt war er, als er der öffentlichen Besinnungslosigkeit wich und 1923 die deutsche Staatsbürgerschaft ablegte. Ein drittes Mal starb er, als man sein Lebenswerk vernichtete, weil er dem nationalen Aufbruch sich versagte, das war nach 1933. Schließlich starb er den vierten öffentlichen Tod, als man ihm nach der Katastrophe das Recht absprach, in deutschen Dingen mitzureden und den europäischen Schriftsteller eines besseren Deutschland als rettungslos veraltet abtat. Man ist bei seinen opportunistischen Verächtern und Rufmördern an die Katze mit dem siebenfachen Leben erinnert. In Begriffen der Geschichtsphilosophie heißt der bei Lebzeiten für die Lebenden »Gestorbene« der Unzeitgemäße. So wußte sich Nietzsche als Unzeitgemäßer, so dieser Dichter, der die Gestalt des Philosophen tief verinnerlichte. Zeit seines Lebens hat er zu solchem Wissen gestanden; sein Bestes ist ihm abgerungen. Daß einer lebt, um an die Wunde des Lebens zu rühren, verzeiht dieses Leben nicht. Hesse rechnete zu den Immunen; er hatte das Gegengift, hatte es im Wissen um die Krankheit.

### JOACHIM-ERNST BERENDT
**1987**

Das Werk und die Persönlichkeit Hermann Hesses haben mich seit meiner Jugend begleitet. Sie mögen in den Stürmen des Lebens immer wieder mal zurückgetreten sein, aber gebieterisch haben sie ihr Recht verlangt. Zweimal in meinem Leben ist die Begegnung mit Hesse besonders intensiv gewesen – zunächst in den 60er Jahren in den USA. Mit einmal sah man Hesse-Bücher in jedem Supermarkt und bemerkte überrascht: Dies ist der im Ausland meist gelesene Schriftsteller deutscher Zunge. Ich schaute in die englischen Übersetzungen seiner Werke und erfuhr einen neuen Hesse. Ich glaube, viele Menschen sind ihm über die englische Sprache neu begegnet. Hesse klingt anders in Englisch – freier, offener, zeitgemäßer. Als habe er die Schlacken seiner schwäbisch-protestantischen Kindheit endgültig abgestreift.

Zum zweiten Mal begegnete ich ihm neu, als viele von uns in den siebziger Jahren von einem gewandelten

*Unter dem Feigenbaum, 1931.*
*Photo: Martin Hesse.*

Bewußtsein ergriffen wurden. Mit einem Mal gab es in der westlichen Welt mehr meditierende Menschen als in der östlichen. Für Millionen Menschen wurde Hesses »Siddhartha« ein Schlüsselwerk. Wir begriffen, wir sind nicht hier, um die Natur zu beherrschen, wir sind Teil von ihr. Wir befinden uns auf einer Reise, deren Ende keiner von uns absehen kann. Und wir können die Welt nur verändern, wenn wir uns selber verändern. Wir verstanden den Mißerfolg all derer, die sie in den 60er Jahren – leidenschaftlich von vielen von uns unterstützt – auf politischem Weg verändern wollten und vergessen hatten, sich selber zu wandeln. Ich weiß, der »Siddhartha« ist nicht das definitive Buch über all dies, aber er hat Millionen von Menschen auf einen Weg der Wandlung geführt.

Hesse ist dadurch auch für meine eigene Arbeit wichtig geworden. Ich machte eine Platte mit Texten von ihm – zum Teil wenig bekannten – und mit Musik von Peter Michael Hamel (»Hesse Between Music« auf Wergo) und wundere mich immer noch, daß sie eine der erfolgreichsten unter meinen vielen Musik- und Dichtung-Platten geworden ist. Ich begann über Hesse zu schreiben und widmete ihm – in meinem Buch »Nada Brahm – Die Welt ist Klang« – ein ganzes Kapitel. Ich verstand: All die anderen großen deutschen Schriftsteller des 20. Jahrhunderts sind Literatur – einige wenige unter ihnen große und wunderbare Literatur. Hermann Hesse ist mehr: er ist lebendige Gegenwart – heute noch viel stärker als in den Jahren, in denen er die meisten seiner Werke geschrieben hat. Er verändert nicht nur das Denken. Er verändert das Bewußtsein, das Herz.

Trotz der Tessiner Abgeschiedenheit blieb Hermann Hesse hellwach für das Geschehen der Zeit. Er war nie ein »Politiker«, aber als Schriftsteller kämpfte er gegen die Not nach dem Ersten Weltkrieg. Er war Mitbegründer der Monatsschrift »Vivos voco«. In der Vorrede stand: »...Es gibt in diesen Jahren nach dem Krieg keine politische, keine wirtschaftliche, wissenschaftliche oder künstlerische Frage, welche brennender sein kann als die Frage der Fürsorge für Kinder und Schwache.« (Der Reinertrag dieser Zeitschrift floß der Kinderfürsorge zu.) Er nimmt in dieser Zeitschrift auch eindeutig Stellung gegen den Antisemitismus, 1922. Doch das bringt Angriffe. (...) Ich finde einen konsequenten, sensiblen Individualisten. Schwierig, unbequem. Rückhaltlos offen. Er quält sich selbst, er sucht die Wahrheit. Er unterzieht sich zum wiederholten Male einer Psychoanalyse. Die selbstgenügsame, bürgerliche Welt, in der er lebt, wird ihm unerträglich. Er leidet zutiefst unter der zum Selbstzweck gewordenen modernen Zivilisation. Aus dieser Stimmung heraus schockiert er die Leser mit dem »Steppenwolf«. Darin gibt es keine harmonische Lösung. Nach schwerer körperlicher Erschöpfung entsteht die Erzählung »Narziß und Goldmund« und wird ein nachhaltiger Erfolg.

Hesse wird vom »offiziellen Deutschland« heftig angegriffen. In der Leipziger »Neuen Literatur« stand 1935 unter anderem zu lesen: »Das sollte einmal öffentlich gesagt werden, daß Hesse ein Schulbeispiel dafür ist, wie der Jude die deutsche Volksseele zu vergiften vermag.« Oder: Hesse sei einer, der »sein Volk in seinem schweren Ringen verlassen hat, um sich hinter sein gekauftes

Schweizertum verschanzen zu können«. Hesse litt unendlich unter diesen Verleumdungen.

Er beantwortet alle Briefe, er versucht praktische Hilfe zu leisten und empört sich auch über die Uneinsichtigkeit mancher Deutschen: Er hält nichts von kollektiven Aktionen, aber er fühlt sich verpflichtet, auf seine persönliche Weise eindeutig und klar Stellung zu nehmen. Als Hesses »Brief nach Deutschland«, in dem er sich 1946 sehr kritisch über die Haltung vieler Deutschen geäußert hatte, veröffentlicht wurde, erhielt er wieder, wie vor Ausbruch des Krieges, eine Fülle verleumderischer, bösartiger, beleidigender Zuschriften.

Ich habe in Hesse einen Menschen gefunden, der manchmal ratlos und bedrückt vor der Grausamkeit des Lebens stand. »Dennoch habe ich den Glauben, daß die Sinnlosigkeit überwindbar sei, indem ich immer wieder meinem Leben doch einen Sinn setze. Ich glaube, daß ich für die Sinnhaftigkeit oder Sinnlosigkeit des Lebens nicht verantwortlich bin, daß ich aber dafür verantwortlich bin, was ich mit meinem eigenen, einmaligen Leben anfange.« Was er damit anfing, hat nicht nur mit seinen inneren Welten zu tun, sondern auch mit den äußeren, den Umwelten, die er sich bewußt wählte. Und vor allem mit dem Tessin. Dieser Magie anheimzufallen und sie in Aquarelle, in Prosa, in Lyrik zu übersetzen, war ihm wesentlich.

Noch lange werden die Literaten über den Literaten, die Theologen über den Religiösen streiten. Und noch mehr vielleicht als Thomas Mann erweist sich Hermann Hesse heute als Schriftsteller einer nicht mehr der Eurozentrik verschriebenen nachkolonialistischen Postmoderne, einer Epoche, die sich als polyzentrisch, transkulturell und multireligiös charakterisieren läßt, kurz eines ökumenischen Zeitalters. Kein Streit jedenfalls scheint mir möglich darüber: Das Gesamtwerk dieses Literaten – von »Peter Camenzind«, »Unterm Rad« und »Knulp« angefangen, über »Demian«, »Siddhartha«, »Der Steppenwolf«, »Narziß und Goldmund« bis hin zur »Morgenlandfahrt« und zum »Glasperlenspiel« – ist und bleibt ein einzigartiges, lauteres, erkämpftes, erlittenes, katastrophenerprobtes und glaubwürdiges Plädoyer für Humanität, für Menschlichkeit, für Humanität in Religiosität. Mit Thomas Mann ist er einer der großen, unbestechlichen Wortführer der Menschlichkeit in unserem so unmenschlichen Jahrhundert.

Wer im Jungsein eine Verpflichtung sieht, dem ist Hermann Hesse begegnet. Als ich Germanistik zu studieren anfing, galt es als chic, einen Autor wie Hesse nicht mehr in Betracht zu ziehen. Kampflos und fast verächtlich überließ man ihn einem sogenannten Bildungsbürgertum – als ob diese Spezies einen radikaleren Antipoden hätte finden können als eben diesen Hermann Hesse! Meinen persönlichen Hesse-Revisionismus kann ich datieren: Er begann 1977 mit der Lektüre von Hesses politischen Zeugnissen, die Volker Michels in zwei Bänden gesammelt hatte. Für die Macht unbrauchbar zu sein, ist der einzige Dienst, den die Künstler und ihre Kunst der öffentlichen Kultur erweisen können – auch der Politik.

Das »Glasperlenspiel«, dieser altmodisch verfaßte Erziehungsroman, ist ein gutes Beispiel dafür, wie das Harmlosigkeitsgerücht um Hermann Hesse täuscht: Es ist in der Tat das, was es fingiert: ein prophetisches Buch. Was es gegen Feuilleton-Leser und Kreuzworträtsel-Löser einzuwenden hat, trifft auch unvermindert auf die vollverkabelten Kunden des elektronischen Weltdorfes zu: die Quiz- und Totozivilisation, der neue Analphabetismus der multiple choice, die sich bei näherem Zusehen auf den binären Schwachsinn des 0 oder 1, Schwarz oder Weiß, Jacke wie Hose reduziert.

Hesse ist traditionell, ja altmodisch in seinen stilistischen Mitteln, aber hochmodern in seinem Verständnis für den Widerstandsgeist gegen die prometheische Hybris der Selbstzerstörung. Er hat Ratsuchenden gezeigt, wie sie bei sich selbst Rat finden konnten. Die persönlichste Hilfe hat er dadurch geleistet, daß er das Bescheidwissen verweigerte; er hat Wege geöffnet, indem er die Nachfolge Hesses verbot. Dies war sein Engagement: daß er sich für kein Programm engagieren ließ, keinen Zement für eine Weltanschauung lieferte. So und nur so glaubte er, etwas zur Verbesserung der Welt beizutragen: indem er jeden, der sie auf seine Fahne geschrieben hatte, erst zur Arbeit an sich selbst ermutigte. Am Ende konnte er die Fahne entbehren. Hesse war ein Meister im Sinn des Tao: Er spricht, damit sich der Schüler selbst versteht; spricht er dem Meister nach, so hat er nichts verstanden. Hesses Schriften sind Wittgensteinsche Leitern; ist die Mauer erstiegen, werden sie nicht mehr benötigt.

Vielleicht besteht seine dauerhafte Überzeugungskraft gerade darin, daß er ein verunsicherbarer Zeitgenosse war, ein labiler Partner, ein depressiver Zweifler an sich selbst. Sein Lebenswerk bestand darin, sich selbst zu überholen. Eben so ist es nicht überholbar.

*Im September 1952 mit dem Maulbronner Schulkameraden Otto Hartmann. Photo: Martin Hesse.*

41

Es ist das bleibende Verdienst Hermann Hesses, in einer bewundernswerten Klarsicht und menschlich überragenden Sensibilität die Parteinahme für das Individuum gegen seine Indienstnahme durch die politischen Parteien niemals aufgegeben zu haben, ja in ihrer politischen Dimension und Sprengkraft all die Zeit über unbeirrt erkannt zu haben.

Nicht als Führer, wohl aber als Freund, nicht als Lehrer, wohl aber als liebender Begleiter, nicht als Propagandist einer philosophischen Idee, wohl aber als ein Mensch, sprechend zu Menschen, kann er uns auf den Pfaden persönlicher Vermenschlichung wie kein anderer Dichter deutscher Sprache zur Seite stehen. An seiner Person läßt sich lernen, was als bloße Formel, als reines Gebot, als sittliches Vorbild nicht lehrbar noch lernbar sein kann: daß sich nichts mehr lohnt auf Erden, als gegen alles Verdrehen, Mißverstehen und Verleumden, gegen alles Verehren, Verklären und Vermarkten, den Weg nach Innen zu gehen und den Bau der Persönlichkeit niemals abzubrechen. Pädagogisch, politisch, moralisch, religiös – in vier Bereichen mindestens hat er, der Bücher nur schrieb, um lebendig zu sein, und Bücher nur rezensierte, wie man Kranken Medikamente empfiehlt, in den Auseinandersetzungen seines Lebens etwas Exemplarisches durchlitten und erstritten, das unwiderleglich und kostbar ist: das Recht und die Rechtfertigung, ein Individuum zu sein.

Hermann Hesses Prosa-Elegien nach langer Zeit wiederlesend, frage ich mich, was hat mich damals, als ich in meiner Lebensnot und Lesewut alles Gedruckte unersättlich in mich hineinstopfte, so für Hesse eingenommen, so für ihn glühen lassen, daß sich Wallungswerte entwickelten, die mich zu schwärmerischen Leserbriefen nötigten? Zunächst wohl doch die Brüche in meiner Biographie... Das Unvermögen aus einer bedrückten Lebenswelt auszubrechen, in der das Lesen von Büchern mit Faulheit gleichgesetzt wurde. Eingetrichtert zu bekommen, ein unpraktischer Mensch zu sein, ein Taugenichts... Wie ein Schiffbrüchiger auf einer Woge von Bekümmernissen schwimmend, ohne ein Ufer zu sehen, verfiel ich weißnichtwie als Leser der Stadtbücherei Meißen auf Hesse, vielmehr verfiel ich ihm als wären diese Bücher eigens für mich geschrieben... Lese ich jetzt nach Jahrzehnten im »Knulp« nach, sehe ich die Gestalt des Landstreichers und gesellschaftlichen Versagers als eine glänzend gelungene Kunstfigur, ein Selbstporträt in futurum: also auch so etwas wie ein Schreckbild, auch wenn da noch eine gehörige Portion romantischer Verklärung und eine daraus abzuleitende Larmoyanz im Spiel war. Das hätte aus mir (in den Augen der Familie wie der Stadtbewohner) Lebensuntüchtigem werden können!...

Nach der wiederholten Lektüre der Gerbersau-Erzählungen und Erinnerungsstücke vermag auch ich nur zu wiederholen, was immer wieder konstaniert wurde: Das schönste Denkmal, das der Erzähler seinem Geburtsort setzte, ist die 1907 entstandene Erzählung »Schön ist die Jugend«, die sich wohl am dichtesten an die eigene Biographie hält. Ein Dreißigjähriger, der

sich als einer ausgibt, der nach Jahren der Abwesenheit vom Mondgebirge heimkehrt wie weiland Wilhelm Raabes »Abu Telfan«, ein Heimkehrer, der Lebenserfahrungen im Gepäck hat, weltläufig geworden ist und der kleinstädtischen Enge entwuchs. So vermag er, aus der Distanz eines Abgeklärten mit großer innerer Ruhe und Gelassenheit auf sich und die ganze Stadt zurückzublicken. Diese Haltung gibt der Prosa ihre Konsistenz. Geblieben ist jedoch die elegische Grundströmung und das unnachahmliche Glissando im mundgerecht geformten Sprachfluß: Eine Prosa, die auf die Novellistik des 19. Jahrhunderts baut, ihr vertraut als tragender Grund, aber vor allem bei Gottfried Keller Maß genommen hat. Auch wenn das schwäbische Seldwyla nun nicht mehr im »scharfen Schnitt« gesehen wird wie in »Unterm Rad« wird Calw nie Orplid... Eigenartig, daß es gerade immer wieder die angeblich so Lebensuntüchtigen, Unpraktischen, dem Geschäftsgeist Abgeneigten, also die Außenseiter sind, die Zeugnis abzulegen vermögen für ihre Lebenswelt und Zeit.

*Hermann Hesse um 1949. Photo: Martin Hesse.*

Ich las ihn früh, als ich ganz jung war und in der Unschuld des Nicht-Wissens, was in einem Buche steckt, wenn man zu lesen beginnt, daß man sich lesend in ein anderes, zweites Leben begibt und in ihm lebt wie in einer zweiten Zeit. Ich weiß nicht mehr, welches seiner Bücher es war, das mir als erstes in die Hände kam. Ich weiß nur, daß ich willig war, dem zu folgen, was sich mir eröffnete. Die zweite Zeit ist schwer beschreibbar. Der mich in sie einführte, schrieb Gedichte, die traurig, schön, sehr leicht und wie kantabel waren. Sie waren insgesamt wie ein Lied, das man nicht unterbrechen kann, nachdem es angestimmt war in melodischen Bögen, in Reimen, süß und noch da süß, wo sie doch offensichtlich bitter waren, und noch in der Prosa verriet sich dies empfindlich und heimlich Süße im Verlauf der Sätze, in ihrer Verhaltenheit, wie in ihrer Überredungsfähigkeit, die sanft war. Die Gedanken waren luzide. Man wurde auf ihre Seite gelockt, und noch dort, wo sich Hesse in die Melancholie, ins Dunkel, in die Schwermut schrieb, war eine Stimme, die ganz fein besänftigte, die die Finsternis niemals wahrhaben wollte.

Ich lebte – wie gesagt – sehr jung, so gut ichs verstand und erfühlte, in diesem anderen, zweiten Leben. Ich staunte, wie offen es da lag und selber eine Jugend hatte, die nicht verdarb, die sich immer wieder anders und ähnlich zugleich zeigte, nicht bestimmbar nach Jahren, wenn man auch vom Lebensalter erfuhr, so behielt sie etwas Altersloses. Es gab bestimmte Winkel im Werk: Winkel einer gleichsam verwilderten Sehnsucht. Hesses dichterische Zartheit ist eine Menschlichkeit, die obsiegt.

Erinnerung an ein Gedicht von Hesse:

*Julikinder*

*Wir Kinder, im Juli geboren,*
*Lieben den Duft des weißen Jasmins*
*Wir wandern an blühenden Gärten hin,*
*Still und in schwere Träume verloren.*

*Unser Bruder ist der scharlachene Mohn,*
*Der brennt in flackernden roten Schauern*
*Im Ährenfeld und auf den heißen Mauern,*
*Dann treibt seine Blätter der Wind davon.*

*Wie eine Julinacht will unser Leben*
*Traumbeladen seinen Reigen vollenden,*
*Träumen und heißen Erntefesten ergeben,*
*Kränze von Ähren und rotem Mohn in den*
                      *Händen.*

Es ist sehr lange her, daß ich dieses Gedicht zuerst las. Es war im Jahre 1938. Denn aus diesem Jahr datiert die kleine Gedicht-Auswahl der damaligen Insel-Bücherei, die den Titel »Vom Baum des Lebens« trug. (...)

Dieses Gedicht gefiel mir. Vielleicht lag es an der Jahreszeit, die ich liebte und die in die Geburtstagszeit Hermann Hesses so still und selbstverständlich eingedrungen war als zarte, schwebende Atmosphäre: hoher Sommer, wenn letzter Jasmin noch in Blüte steht und die Mohnrosen auf den Feldern leuchten, vergänglich in ihrem empfindlich hohen Rot, das alles an Stärke um sich her übertraf. Wie die meisten anderen Gedichte des Autors waren die »Julikinder« erfüllt von einer vor sich hin sinnenden Sanftmut, die ich gern hatte, weil sie unaufdringlich blieb und sich nicht zu arg sentimentalisierte. Es war seinerzeit für mich kein moderner Text, wie ich ihn zuvor bei den deutschen Expressionisten, bei Trakl und Heym, ken-

nengelernt hatte. Dem Gedicht konnte man die Zeit nicht ansehen, in der es entstanden war. Wie bei den meisten anderen im kleinen Auswahlbuch gesammelten Hesse-Versen war etwas im Stillen Gefühltes ausgedrückt, das jenseits von Moden und Entwicklungen lag. Gerade dies gefiel mir an dem schlichten Stück Poesie, das in sich ruhte und das mit seiner stillen Emotion sich selber zu genügen schien.

Die Entfernung von einer solchen Tonart ist in den fast vier Jahrzehnten, die zwischen jenem Kennenlernen und heute liegen, natürlich noch gewachsen. Doch ist etwas geblieben, das unanfechtbar ist: die ruhig mitgeteilte Landschaft, die nur die vegetabile Gegenwart kennt, eine persönliche Verwunschenheit, in die alles getaucht ist. Dieses Gedicht aus dem Jahre 1904 ist seit der langen Zeit seit seinem Entstehen auf eine versonnene Art und Weise ortlos, nur in bezug auf das Fühlen dessen, der es niederschrieb, legitimiert und am Leben. Einordnungen versagen. Man kann einen solchen Text nirgends »unterbringen«. Man sollte auch nicht auf den Gedanken kommen, dies zu versuchen. Die Handvoll nachdenklicher Wörter, die sich als Träume (»still und in schwere Träume verloren«) zu Wort melden, fordern zu allem anderen als zu einer Auseinandersetzung auf. Es ist kein »Problem«-Gedicht, vielmehr ein Gedicht der Jahreszeit von unbekümmerter Einfachheit, ein Gedicht der Sympathie und der Harmonie mit der schönen Sommerzeit, wie sie in alten, zeitlosen Schilderungen – Gedicht oder Prosa – auftaucht, gefühlsgesättigt und liedhaft in seinem einfachen Reim und ruhigem Rhythmus. Ein entrücktes Geburtstagsgedicht des am 2. Juli

geborenen Hermann Hesse, das sich
meiner Bereitschaft nicht entzogen hat,
es so zu verstehen, wie es allein zu
verstehen ist: geheimnislos-menschlich
und geheimnisvoll verheißend in
gleicher Weise.

*Blick aus Hermann Hesses Bibliothek auf den Luganer See. Photo: Martin Hesse.*

## Die Casa Camuzzi
## ohne Hermann Hesse

Ich war 16, als ich zusammen mit einem malenden Freund zum ersten Mal ins Tessin kam zu einem Herrn Kraft, jenem, nach dem das deutsche Knäckebrot seinen Namen hat. Mit ihm, in Magdeburg hergestellt, hatte er so viel verdient, daß er sich auf einem Hügel bei Agra ein Haus im Bauhaus-Stil bauen konnte, einen roten Würfel. Wir machten Erdarbeiten auf seinem Grundstück, wir wanderten an Wochenenden durch die Dörfer. In Montagnola sah ich die Casa Camuzzi und dachte, darin würde ich gern wohnen. Daß in diesem Schlößchen Hermann Hesse wohnte – keine Ahnung! Mein damaliger literarischer Hausheiliger war Robert Walser, die Erstausgabe von Fritz Kochers Aufsätzen, Leipzig 1904, in grünes Leder gebunden, mit den Zeichnungen seines Bruders, hatte ich dabei, las dem Freund daraus vor. Wir amüsierten uns, der Freund sagte: Eigentlich ist da gar nichts dran, und ich sagte: aber es ist in einer Sprache

geschrieben, die es bisher nicht gegeben hat. Ein Hausheiliger ist Hesse für mich nie geworden.

Im Frühjahr 1933, nun war ich 23, verließ ich auf Nimmerwiedersehen die Münchner Universität, fuhr mit dem Rad nach Montagnola. Die Casa Camuzzi war nicht vergessen, und siehe, ich bekam eine Wohnung unterm Dach, die ovalen Fenster reichten fast bis zum Fußboden, im Türmchen konnte ich mich nackt in die Sonne legen, da konnte niemand hineinschauen.

Inzwischen hatte ich doch das eine oder andere von Hesse gelesen, war aber nicht seinetwegen in Montagnola. Dort konnte man nicht lange sein, im Hotelchen essen, in den »Grotti« beim Wein sitzen, ohne daß mich der Dorfklatsch über den ebenso unsichtbaren wie berühmten Mann informiert hätte. Lektüre wurde ergänzt durch Schilderungen aus Bodensicht, und ich dachte: beliebt ist der hier nicht.

Aber im Hotel gab es ein paar ältere deutsche Damen, die waren seinetwegen da, beim Frühstück redeten sie davon, ob sie ihn wohl heute zu Gesicht bekämen, und ich sagte zu einer von ihnen: »Warum gehen Sie nicht hin?« »Ach,« sagte sie, »das geht doch nicht.«

Nun war aber im Hotel auch eine ansehnliche junge Dame, die war nicht wegen Hesse in der Schweiz, sondern wegen Hitler, weil sie Jüdin war. In Lugano gab es einen Kunsthändler, der war um drei Ecken mit ihr verwandt und half ihr ein wenig. Wir fingen an, gemeinsam die Zeit nicht totzuschlagen, sondern lebendiger zu machen mit kleinen Wanderungen, und so standen wir auch einmal vor

dem Gartentor mit dem Zettel: »Bitte keine Besuche.« »Gefällt Ihnen das?« fragte ich die Frühemigrantin. »Na ja«, sagte sie. »Mir gar nicht«, sagte ich, »kennen Sie die Geschichte von den Stiefeln?« Die war mir erzählt worden, und sie paßte in mein Hesse-

Bild wie der Zettel auf dem Torpfeiler.

Bis 1931 hatte er in der Camuzzi gewohnt. Abends stellte das Hausmädchen seine Stiefel, keine Schuhe, vor die Wohnungstür ins Treppenhaus. »Wissen Sie, Cora«, so hieß sie, »da gab es auch so Hesse-Anbeterinnen wie die in Ihrem Hotel, die gingen am frühen Morgen in die Camuzzi, stiegen die Treppe hinauf im rechten Seitenflügel und streichelten die Stiefel.« »Das haben Sie erfunden«, sagte sie. »Vielleicht ist es erfunden«, sagte ich, »aber bestimmt nicht von mir.« Ich klatschte Klatsch.

»Jetzt wohnt er hier?« »Ja«, sagte ich, »seit zwei Jahren, ein Züricher Verehrer hat ihm das Haus gebaut, eigentlich sind es zwei Häuser, eines für seine Frau, eines für ihn, unter einem Dach. Ob an der Verbindungstür auch so ein Zettel hängt, weiß ich nicht.«

Im Schlößchen, von einem Architekten gebaut, der beim Zaren reich geworden war, wohnte ein Maler, dessen Bilder mir gefielen, noch besser gefiel mir der Maler. Er hieß Hans Purrmann. Er hatte nichts gegen Besuche, wenn er nicht malte. Wir verstanden uns ganz gut, saßen beim Wein in einer der Grotti. Cora war abgereist, vom politischen Wind verweht, vielleicht eine Agentin, dachte ich. Einmal brachte Purrmann eine Frau mit, »das ist Mareili«, sagte er, »die macht Teppiche, hat hier ein Haus.« Ich gewann den Eindruck, daß für beide das Besuchsverbot Hesses nicht galt, versuchte ein paar Mal sie über ihn auszuholen, dabei kam wenig heraus. »Schätzen Sie ihn zu sehr oder wollen Sie mir gegenüber nicht erkennen lassen, der Umgang mit ihm sei kein Zuckerlecken?« Nun gut, die Zeitläufte boten genug Gesprächsstoff.

Mit dem liebenswürdigen Ansinnen, Montagnola-Erinnerungen zu Papier zu bringen, wurde ich jetzt mit Sekundärliteratur über Hermann Hesse geradezu überschüttet: muß nun streng darauf achten, Erinnerung nicht mit Angelesenem zu vermischen. Da gibt es aber in den »Augenzeugen-Berichten« eine Tagebuch-Notiz Heinrich Wiegands vom 23. März 1933, auf die ich mich nun doch beziehe: »Acht Uhr in den Garten, H. H. brachte mir sein letztes Manuscript: Das Glasperlenspiel.«

Mir brachte just an diesem Tag die Post einen Brief meiner jüdischen

Freundin M. W., die sich an der Universitätsklinik zur Heilgymnastik ausbildete. Der Brief enthielt den Entwurf eines Inserates, mit dem sie sich eine Stellung im Ausland suchte. M. schrieb unter dem Eindruck massiver antisemitischer Ausschreitungen in München; verlasse Du auch dieses Land sofort, werde Kellner oder irgendetwas, sie bringen uns alle um. Eine frühe Einsicht in deutsche Selbstfindung!

Mit dem Brief ging ich zu Purrmann, sagte, ich würde schon am nächsten Morgen Montagnola verlassen und begründete diesen Entschluß mit Sätzen aus dem Brief. »Sind Sie auch Jude?« fragte Purrmann. »Nein«, sagte ich, »man braucht nicht Jude zu sein, um umgebracht zu werden.« »Wenn Sie so denken, sollte ich Sie doch zu Hesse bringen. Er haßt die Nazis auch.« »Hm«, sagte ich. »Wieso hm?« sagte er. »Ich bin kein Stelzengänger«, sagte ich, »und ich mag Leute nicht, die solche Zettel ans Gar-

tentürchen hängen, zumal mir der Briefträger gesagt hat, an manchen Tagen füllte seine Post Säcke. Die kommt nicht, wenn man sie nicht braucht.« »Sie tun ihm unrecht«, sagte Purrmann, »er ist nicht über einen Leisten zu schlagen.« »Was ist das schon«, sagte ich.

M. W. war drei Monate später zur Heilung eines asthmakranken Kindes in Zagreb, ich verbrachte das Jahr 1934 in Jugoslawien, bekam keinen Boden unter die Füße, kehrte zurück, wurde 1939 deutscher Soldat. M. W. ist, 82 Jahre alt, in San Francisco gestorben.

In Uniform saß ich nach dem grandiosen Sieg über Frankreich am 22. September 1940 bei Romain Rolland am Teetisch in Vézelay. Am Abend zuvor hatte ich in der Kathedrale bei Kerzenlicht die Toccata und Fuge in d-moll von Bach auf einer armseligen Orgel gespielt, was den Ortspfarrer geneigt gemacht hatte, mich auf meine Bitte hin bei Rolland anzumelden. Der Besuch ist in meinen gedruckten Kriegsaufzeichnungen erwähnt, damals aus Vorsicht eher vernebelt als beschrieben worden. Es erschien mir untunlich, festzuhalten, daß wir über Hesse gesprochen hatten, wozu es gekommen war, nachdem ich erwähnt hatte, ich sei im Frühjahr 1933 in Montagnola gewesen.

»Dort war ich im Herbst desselben Jahres«, sagte Romain Rolland. »Wie fanden Sie Hermann Hesse?«

»Gar nicht. Ich habe ihn nicht gesehen.«

»Ich sah ihn mehrfach.« »Natürlich«, sagte ich. »Ich weiß, wie Sie denken, und ich weiß, wie Hesse über den National-sozialismus denkt. Zwei Glocken, auf einen Ton gestimmt.« Wir hatten zuvor nur über Musik, über seine Beethoven-Forschung gesprochen, die schönen Bände lagen auf dem Flügel. Er lächelte über den Vergleich. »Derselbe Grundton, das schon«, sagte er; »machen wir daraus einen Akkord, dann meiner in moll, seiner in Dur.« »Unmöglich«, sagte ich. »Lassen Sie mich ausreden. Ich meine nur, er wirkte so wohl, geradezu heiter, er hielt mich für übertrieben pessimistisch. Über die Begegnung steht etwas in meinem Tagebuch, ich kann Ihnen das Heft holen.« »Bitte nicht«, sagte ich. Er sah so zerbrechlich, fast durchsichtig aus.

Nun liegen die Augenzeugen-Berichte vor mir. Nach einem halben Jahrhundert kann ich darin auf deutsch lesen, was Romain Rolland mir in Vézelay hatte holen wollen: »Doch beim an-schließenden Gespräch zeigte er sich sehr gleichgültig... (er flieht eher davor, die Ereignisse zur Kenntnis zu nehmen, die sein gebrechliches nervliches Gleichgewicht zerstören könnten).« Das hat Romain Rolland am 17. September 1933 geschrieben.

Ach ja, Hesse! Die Thomas-Mann-Reden über Radio an die Deutschen hätte er nicht gehalten. Die Antwort auf die Frage: warum nicht? würde auch erklären, warum zu Lebzeiten beider die Rezeption Hesses die von Thomas Mann bei weitem übertroffen hat. Wer jedoch den Deutschen mißtraut, geht um den Deutschen Hermann Hesse herum wie die Katze um den heißen Brei. Ich zum Beispiel.

1952 gehörte ich der »Süddeutschen Zeitung« an. Ich machte »Eine 4000 km-Reise zu deutschen Schriftstellern« von Thomas Mann bis Max Frisch und Salomon. Selbstverständlich gehörte Hermann Hesse zu den 25 Autoren, an die ich schrieb, ob sie mich empfangen würden. Drei wollten nicht: Jünger, Benn, Hesse. Er schrieb: »Zu meinem Bedauern kann ich Ihren Wunsch nicht erfüllen. Ich habe mich nie interviewen lassen und muß dabei bleiben.« In einem Nachwort zu dem Sonderdruck, den die SZ aus meinen Beiträgen machte – die nicht die Form von Interviews hatten – schrieb ich von Hesses »seit Jahrzehnten zelebrierter Weltflucht«. Diesen Ausdruck würde ich nicht mehr gebrauchen, er ist zu allgemein. Hesses Flucht war psychisch motiviert, fand geistig nicht statt. Hingegen beharrte ich auf »zelebrieren«.

Thomas Mann empfing mich im »Dolder«, bald darauf zog er in seine letzte Villa ein. Er war schwer erkältet. Er sagte: »Sie machen eine Reise durch die Seelen der deutschen Schriftsteller?« »Nein, sagte ich, »ich reise auf den Spuren der verlorenen Zeit«. Seine Nase tropfte, er hustete, er war die Zuvorkommenheit selbst. Seine Frau paßte auf, daß er nichts Falsches sagte. Nun ja, er pflegte wie immer seinen Markt. Ob er in 50 Jahren noch einen Markt haben wird, halte ich für unwahrscheinlich. Daß dann nur noch Germanisten wissen, es habe einmal einen gleichfalls berühmten Schriftsteller namens Hermann Hesse gegeben, dessen bin ich mir sicher. Sollte die Schweiz den Dritten Weltkrieg leidlich (Leid-lich) überstehen, wird die Casa Camuzzi ein Hotel sein. Hotel, Germanisten... Signale eines kindischen Optimismus!

*Federzeichnungen des Dichters aus und von der Casa Camuzzi 1930 und 1931.*

## Der berühmteste Kurgast

In Baden bei Zürich aufgewachsen und daselbst viele Jahre lang als Berichterstatter des »Badener Tagblatt« tätig, konnte ich den berühmtesten Kurgast der Bäderstadt, bildlich gesprochen, nicht übersehen. Mit Augen gesehen habe ich ihn freilich nie. Quasi mittelbar persönlich trat er mir aus der Hesse-Sammlung des Badener Apothekers Franz Xaver Münzel und aus biographischen Hesse-Publikationen seines Sohnes Uli entgegen. Selber schrieb ich dies und das über den Dichter, belästigte ihn leider auch mit eigenen Versen, die er freundlich aufnahm. Später war ich undankbar genug, die Spötteleien Robert Walsers über den ihm Wohlgesinnten zu goutieren und zu erwägen, was an der Hesse-Kritik Karl-Heinz Deschners (in dessen Schrift »Kitsch, Konvention und Kunst«) wahr sei.

Lese ich aber Hesse, so verflüchtigt sich Hesse-Kritik ins Unterbewußte, freue mich seiner guten Menschlichkeit. Ihm ist eigen, was er in der Erzählung »Kurgast« dem Ortsgeist Badens zuschreibt: Bipolarität. Ungezwungen bewegt er sich zwischen den Polen einfühlenden Dichtertums und ethisch verantwortungsbewußten Denkens. Weder auf rationale noch auf irrationale Werte einseitig festgelegt, hat er jenem Irrationalismus widerstanden, der zu zwei Weltkriegen geführt hat.

*Der Thermalkurort Baden bei Zürich, wo sich Hesse von 1923-1952 alljährlich einige Wochen vor Jahresende, als Gast von Franz Xaver Markwalder im Hotel Verenahof aufhielt. Hier schrieb er seine »Psychologia Balnearia« (Kurgast) 1924.*

*Hermann Hesse (rechts) mit Thomas Mann in Baden bei Zürich.*

Liebe Freunde,

als ich noch gegen Windmühlen kämpfte
(zur Schaffung einer Hermann Hesse-
Stätte in der Casa Camuzzi [von 1992-
1994], suchte ich in der Not – neben Ihrer
treuen Kameradschaft – auch Hilfe seitens
Prominenter aus Kultur und Politik. Ihnen
stellte ich drei Fragen zum Werk meines
Vaters. Das Ergebnis dieses Scharmützels
liegt nun hier vor; es sind Antworten ganz
unterschiedlichen Kalibers.

Doch – wie Sie wissen – reichte auch dieser Vorstoß nicht aus zur Eroberung der
Casa Camuzzi. Und auch die Klingsor-
Wohnung blieb uns verschlossen. Dennoch
hoffe ich ganz im Stillen, daß uns die
Gedenkstätte eines Tages kampflos geöffnet
werden könnte, wenn »freier« Markt und
Deregulierung außer Mode sein werden
und dafür neue, kultur- und menschen-
freundlichere Parolen gelten.

Beim Sammeln der hier vorliegenden Antworten hatte ich leider ganz vergessen, was
mir Henry Miller in einem Brief vom 10.
Januar 1973 geschrieben hatte. Die beiden
letzten Sätze lauten:

*Your father was one of my beloved writers. He was more than a writer – a great human being. Sincerely, Henry Miller*

Dieses so knappe wie vielsagende Urteil
dürfte auch Ihnen, liebe Hessefreunde,
bestätigen, daß Ihr treuer Einsatz für
H. H. sinnvoll ist.

Mit herzlichen Grüßen
im Juli 1996 Ihr

*Heiner Hesse*

*Heiner Hesse in Arcegno.*
*Photo: Christian I. Schneider.*

## FRANZ BECKENBAUER

*Wann kamen Sie zum ersten Mal mit Hermann Hesse in Berührung?*
Ich kam mit Hermann Hesse erstmals vor 10 Jahren in Berührung.

*Welche Bedeutung hatte sein Werk für Sie?*
Seine Gedanken und seine Ausdrucksweise bedeuten für mich sehr viel. Ich habe auf Reisen immer ein Hesse-Buch dabei.

*Was bedeutet er Ihnen heute?*
Ergibt sich aus Ziffer 2.

## HANS BENDER
Schriftsteller, Köln

*Wann kamen Sie zum ersten Mal mit Hermann Hesse in Berührung?*
Als Schüler, der eben die Literatur entdeckte. Vor allem mit jenen Hesse-Büchern, in denen ich das eigene Fieber der Pubertät gespiegelt sah: »Unterm Rad«, »Demian«, »Narziß und Goldmund«. Ich empfing Weisungen, wie ich leben und meine Individualität bewahren konnte. Ich und andere junge Deutsche lasen Hesse als verbotenen Autor. Die gleichgeschalteten Zeitungen und Zeitschriften schmähten damals sein Werk und seine Gestalt.

*Welche Bedeutung hatte sein Werk für Sie?*
Ich habe es fast vollständig gelesen, damals und später 1949; als später Heimkehrer aus der russischen Gefangenschaft, war »Das Glasperlenspiel« neben »Doktor Faustus« die erste Lektüre. Ich lernte, Hesses Bücher unterschiedlich zu werten. Ich schätzte und schätze seine zeit- und kulturkritischen Aufsätze; nicht weniger die Briefe, die (in der Edition von Volker Michels) ein zusätzliches »Werk« ergaben. Briefe, die in ihren Verneinungen und Bejahungen »Mitmenschlichkeit« bezeugen.

*Was bedeutet er Ihnen heute?*
Ein großer Autor, der in der Literaturgeschichte seinen gesicherten Platz behauptet. Ein Vorbild als engagierter Warner vor Militarismus, Chauvinismus, Fanatismus. Also noch ein Vorbild für unsere Tage.

## KLAUS VON BISMARCK
Ehem. Intendant des Westdeutschen Rundfunks, Köln

Es ist mir mit der Entdeckung einer mir bis dahin noch neuen Literatur oder einem plötzlich so bemerkenswerten Autor – wie Hermann Hesse – so ergangen, daß es einzelne Menschen, Nächste waren, die mir plötzlich auf sehr unterschiedliche Weise den Weg zu einem Dichter oder Komponisten erschlossen. So erinnerte mich Hesse an meinen Vater. Ich war erst 16 Jahre alt, als der Vater auf der »Schatzalp« bei Davos an TB starb. Dies Sanatorium hat Thomas Mann in seinem »Zauberberg« meisterhaft beschrieben. Die Bilder, die ich als junger Mensch von Hesse hatte, erinnerten mich nicht zunächst äußerlich an meinen Vater. Vielmehr war es bei beiden das ungewöhnlich sensible Gesicht eines Mannes, das ebenso eine fast melancholische Neigung zum Trauern wie zum philophisch fundierten Nachdenken ausdrückte, wie sinnliche Freude an der Schöpfung.

Zum anderen öffnete mir der Bücherschrank meiner Großmutter, bei der ich als Schüler von 1925 bis 1931 lebte, mit einigen Büchern von Hesse ein Tor zu diesem Dichter. Ich verschlang bald seine Bücher, nachdem ich unter vielen Büchern mit etwa 18 Jahren nicht nur »Narziß und Goldmund« und »Der Steppenwolf« entdeckt hatte. Diese Großmutter war Musikerin, und ihr Bücherschrank enthielt – von den »Wahlverwandtschaften«, den klassischen russischen Dichtern bis Ludwig Renn »Der Krieg« – unendlich viel an Literatur, was – abgesehen von meinem Elternhaus – in den meist kargen Bücherschränken hinterpommerscher Gutshäuser gewiß nicht zu finden war.

In meinen Jünglingsjahren fesselte mich natürlich über die Pubertät hinaus der sinnlich-erotische Zauber der beiden genannten Bücher besonders. Mir blieben von dem Inhalt bis heute Szenen, ja Formulierungen lebendig und bewußt, die mir wie mit Schlaglichtern etwas über das Wesen des Menschen und meine eigenen Erfahrungen erhellten, was lebenslang Gültigkeit behielt: z.B. die Beobachtung im Gesicht einer Frau, das sehr ähnlich aussieht, wenn es von höchster Lust oder auch von Schmerz – wie bei der Geburt – wie »aufgerissen« erscheint. Oder z.B. die Erfahrung eines »Steppenwolfes«, der lange oder zeitweise im einsamen und kalten Grau seiner »Steppe« lebte und plötzlich so in den überwältigenden Rausch eines hinreißenden Festes gerät, daß er sich mit geöffneten Poren wie neugeboren fühlt.

Da »Narziß und Goldmund« und »Der Steppenwolf« meine Hesse-Entdeckungserlebnisse waren, verstand ich es gut, daß nach 1945, nach Nazizeiten und inmitten einer konservativen Restauration mit »Zucht und Ordnungsidealen« eine revolutionär gestimmte Jugend in ihrem Aufbruch diesen Hermann Hesse fast wie einen »Guru« entdeckte und feierte. Apropos »Guru«: Nach 1945 hatte ich sowohl in der Weltökumene wie als Intendant des WDR und Präsident des Goethe-Instituts viele Gelegenheiten, Ost-Asien in zahlreichen »Morgenlandfahrten« kennenzulernen, die mir mehr erschlossen, als es normalerweise einem Touristen möglich ist. Und so stieß ich wiederum mit bewunderndem Erstaunen auf das sensible Einfühlungsvermögen Hesses für diese ostasiatische Welt. Diese Fähigkeit ist bei Hesse so ganz anders als die gewiß geistig verwandte Fähigkeit J. W. Goethes. Aber gerade Hesses Sensibilität für ost-asiatische Weisheit gewann für mich einen neuen Zauber, als ich selbst nicht nur die Bücher »Siddhartha« und »Morgenlandfahrt« entdeckte, sondern auch unmittelbar einzelne Menschen, Ausdrucksformen der Kultur in diesem ost-asiatischen Raum.

Hermann Hesse war und ist für mich ein wichtiger Lotse in den multikulturellen »Gewässern« Europas. Ich sehe Photographien seines Gesichts vor mir mit dem Hintergrund einer Tessin-Landschaft. Er war es unter anderem, der mich lehrte, daß sich schöpferische europäische Geister wie er in ihrer Verwurzelung wie literarischen Ausstrahlung nicht von der Kultur ihres eigenen Volkes einengen lassen – wie überhaupt keine Kultur durch politisch bestimmte nationale Grenzen.

Vor zwei Jahren schrieb ich als Autobiographie ein Buch mit dem Titel »Aufbruch aus Pommern« (Piper Verlag). Dieser Titel belegt wie der Inhalt dieses Buches, wie sehr das Gedicht »Stufen« von Hermann Hesse eine Grundlinie meines Lebens wiedergibt. In den »Stufen« heißt es als Einsicht: Wir sollen »bereit zu Aufbruch sein und Reise« – wir sollen »heiter Raum um Raum durchschreiten, an keinem wie an einer Heimat hängen« und »es wird vielleicht auch noch die Todesstunde uns neuen Räumen jung entgegen senden. Wohlan denn Herz: Nimm Abschied und gesunde!«

## MARKUS BÜCHEL
Ehem. Regierungschef des Fürstentum Liechtenstein

**Wann kamen Sie zum ersten Mal mit Hermann Hesse in Berührung?**
In meinen ersten Primarschuljahren stieß ich auf unserem Büchergestell zuhause auf den Roman »Der Steppenwolf«. Meine Mutter sagte mir, dies sei ein Buch von einem hochgescheiten Autor, kein Abenteuerbuch. Sie erzählte mir auch, daß er in Amerika von den Leuten an der Universität gelesen werde, daß er am Bodensee gewohnt habe und eine gewisse Zeit auch nackt herumgegangen sei, was man in einer Bildbiographie, die meine Mutter auch besaß, im Foto sehen konnte. Diese Biographie zeigte mir auch, daß er malte. Bei der ersten Berührung war also Hermann Hesse für mich als Leser unerreichbar. Erreichbar war nur seine Biographie.

**Welche Bedeutung hatte sein Werk für Sie?**
Für mich waren Hermann Hesse und Thomas Mann wie ein Paar, wie Schiller und Goethe für unsere Zeit. Thomas Mann erschien mir immer der überlegenere, der geschultere und kontrolliertere. Thomas Mann las ich viel häufiger als Hermann Hesse. Besondere Bedeutung hat für mich Hermann Hesses Liebe zur Schweiz. Hesse bedeutet für mich unermüdliche Schaffenskraft und Güte gegenüber anderen Menschen. Sein Leben erachte ich für vielleicht noch bedeutender als seine Werke.

**Was bedeutet er Ihnen heute?**
Er beweist mir, daß nur Anderssein Fortschritt und Erfüllung bringt.

## DR. ERHARD BUSEK
Ehem. Vizekanzler, Bundesministerium Wien

**Wann kamen Sie zum ersten Mal mit Hermann Hesse in Berührung?**
Irgendwann zwischen 15 und 18 las ich als erstes Hesses »Glasperlenspiel«. Mag sein, daß es mich als Politiker geprägt hat.

**Welche Bedeutung hatte sein Werk für Sie?**
Von der Sprache und der Ideenwelt war ich tief beeindruckt. Eigentlich hatte ich damals das Gefühl, mit allem möglichen an Denken und Tun neu beginnen zu müssen.

**Was bedeutet er Ihnen heute?**
Es hat sich herausgestellt, daß unsere vorgefertigten Antworten nicht mehr stimmen. Deshalb ist mir der »politische« Hermann Hesse heute eine gesuchte Hilfe.

## PROF. DR. URSULA CHI

Literaturwissenschaftlerin an der Universität von Seattle/USA

**Wann kamen Sie zum ersten Mal mit Hermann Hesse in Berührung?**
Während meines Germanistikstudiums habe ich mich intensiv mit Hermann Hesses Werken, Schriften und seiner Lebensphilosophie beschäftigt. Ich schrieb meine Dissertation »Die chinesischen Einflüsse in Hermann Hesses ›Glasperlenspiel‹«.

**Welche Bedeutung hatte sein Werk für Sie?**
Von größter Bedeutung waren für mich zwei fundamentale Erkenntnisse, die ich immer wieder in Hesses Werk fand:
Daß es nur *eine* Menschheit, und nur *einen* Geist gibt – und seinen Glauben an den lebendigen Gott, der sich immer wieder in neuen Formen, Bildern, Sprachen und Religionen offenbaren kann.

Dabei hat mich Hesses Kritik an manchen Literaturwissenschaftlern, die nur mit analytischem Eifer und intellektuellem Scharfsinn eine Dichtung entschlüsseln wollen, während meiner wissenschaftlichen Arbeit wesentlich beeinflußt.

**Was bedeutet er Ihnen heute?**
Hesse spricht zu jedem, der mit offenen Augen und Sinnen an sein Werk herantritt, sei es gestern, heute oder morgen.

## EBERHARD DIEPGEN

Regierender Bürgermeister von Berlin

**Wann kamen Sie zum ersten Mal mit Hermann Hesse in Berührung?**
Meine ersten Berührungen mit dem Werk Hermann Hesses hatte ich Ende der fünfziger Jahre. Im Laufe meines Studiums habe ich dann recht häufig zu Hesse, vor allem zum »Demian«, aber auch zum »Steppenwolf« gegriffen.

**Welche Bedeutung hatte sein Werk für Sie?**
Hesse hat mich berührt. Seine Gefühlswärme, die Zerrissenheit seiner Charaktere, aber auch die Tatsache, daß er seinen tiefen, oft bestürzenden Ernst mit feinem Humor zu verbinden wußte, haben mich damals für ihn eingenommen.

**Was bedeutet er Ihnen heute?**
Hesse ist mir heute Teil der Erinnerung an müßigere Zeiten. Doch das Erinnern beinhaltet auch die Hoffnung, daß irgendwann wieder Gelegenheit sein wird, Hesse zu lesen – denn »jede Blüte welkt und jede Jugend«.

## BJÖRN ENGHOLM

Ehem. SPD-Kanzlerkandidat

**Wann kamen Sie zum ersten Mal mit Hermann Hesse in Berührung?**
Es muß gegen Ende der fünziger Jahre gewesen sein, in der Schule, als ich 18 war und »Narziß und Goldmund« auf dem Lehrplan stand. Daß ich zu jener Zeit keinen Zugang zu Hesse fand, mag daran liegen, daß ich schulische »Pflichtlektüre« nie ausstehen konnte; Pflicht verdarb mir allemal die Lust am Lesen. Vielleicht war ich auch einfach noch noch zu jung und unausgegoren.

**Welche Bedeutung hatte sein Werk für Sie?**
Es wirkte erst sehr viel später, in den sechziger und siebziger Jahren, als wir anfingen, Antworten auf die menschlichen Niederungen jener Zeit zu suchen, nach dem Sinn des Lebens zu fragen, Visionen und Utopien zu entwickeln. Dabei erwies sich Hesses Werk als ein unerschöpflicher Ratgeber, als Quelle der Inspiration, als Weg zur Selbstfindung. Wenn das Wort nicht so entsetzlich abgegriffen und verschmust wäre, würde ich Hesse den nachhaltigsten literarischen Identitätsstifter nennen, der mir je unter die Augen kam.

**Was bedeutet er Ihnen heute?**
Zunächst ist sein Werk große Literatur und zeitlose Poesie in einer ungekünstelten, wundervoll einfachen Sprache. Sodann bleibt Hesse ein Wegweiser zur Besinnung, zur Selbstfindung, zur Toleranz und Humanität. Und schließlich steht Hesse für den Brückenschlag zwischen den Kulturen – ein kosmopolitischer Geist, von dem unsere Zeit gar nicht genug haben kann.

## GOTTFRIED VON EINEM

Komponist, Wien

**Wann kamen Sie zum ersten Mal mit Hermann Hesse in Berührung?**
Seit meinem 16. Lebensjahr, als ich den »Weg nach Innen« gelesen hatte, liebe ich Hesse und seine Aussage.

**Welche Bedeutung hatte sein Werk für Sie?**

Sein Werk ist reine kühne Menschlichkeit. Es hat ein Gehör für Sinn und Klang des Wortes. Er ist ein Dichter, nicht nur ein Wissen vermittelnder Schriftsteller.

**Was bedeutet er Ihnen heute?**

Seine Gedichte – ich setzte manche in Musik – und seine Briefe waren und sind mir Halt in schwankender Zeit. Hesse ist ein Mensch, der Liebe ausstrahlt und zum Lieben ermutigt.

## WALTER G. FREHNER

Präsident des Verwaltungsrates, Schweizerischer Bankverein, Basel

**Wann kamen Sie zum ersten Mal mit Hermann Hesse in Berührung?**

Mit ca. 40 Jahren.

**Welche Bedeutung hatte sein Werk für Sie?**

Wie ein Spiegel, in dem die eigenen Sehnsüchte, Ängste, Schwächen, Tugenden und Kräfte sichtbar werden. Ich begriff, daß alle Menschen sich letztlich mit den gleichen inneren Problemen auseinandersetzen müssen und daran wachsen können – sofern sie gewillt sind, im Kampf des besseren gegen das schlechtere Ich nie nachzulassen.

**Was bedeutet er Ihnen heute?**

Wenn ich auf eine einsame Insel nur drei Bücher mitnehmen könnte, dann wären das nebst der Bibel »Der Steppenwolf« und »Siddhartha«.

## PROF. DR. HERMANN GLASER

Technische Universität Berlin

**Wann kamen Sie zum ersten Mal mit Hermann Hesse in Berührung?**

Mein Vater, Germanist und Gymnasiallehrer, hatte eine für die damaligen Verhältnisse umfangreiche Bibliothek, in der auch die im Dritten Reich unbeliebten oder verfemten Autoren (wie Thomas Mann und Hermann Hesse, oder Egon Friedells »Kulturgeschichte der Neuzeit«) deutlich einsehbar standen – was bei Besuchen meine Mutter sichtlich beunruhigte. Ich kann mich nicht mehr erinnern, was ich alles von Hesse als Jugendlicher gelesen habe; ganz bestimmt jedoch »Unterm Rad«, da ich mich an den Einband des Bandes mit Jugendstil Ornamentik (S. Fischer Bibliothek zeitgenössischer Romane, jeder Band 1 Mark, vor dem Ersten Weltkrieg erschienen) sehr genau erinnere. Die politische Sensibilisierung erfuhr ich durch Hesse, als ich in der von der amerikanischen Militärregierung herausgegebenen »Neuen Zeitung«, mit Erich Kästner als Leiter des Feuilletons, einen dort am 2.8.1946 veröffentlichten Brief des Dichters las und ihn mir ausschnitt. Er berichtete dort über die Schreiben, die ihn aus Deutschland erreichten; ihr Opportunismus sei fatal. »Nicht einer von ihnen schreibt, er bereue, er sehe die Dinge jetzt anders, er sei verblendet gewesen, und auch nicht einer schreibt, er sei Nazi gewesen und werde es bleiben, er bereue nichts, er stehe zu seiner Sache. Wo wäre je ein Nazi zu seiner Sache gestanden, wenn diese Sache schief ging? Ach, es ist zum übelwerden.«

**Welche Bedeutung hatte sein Werk für Sie?**

Die Innerlichkeitswelle der deutschen Nachkriegszeit hatte mich nicht so sehr wie viele andere der studentischen Generation ergriffen; das »Glasperlenspiel« empfand ich zwar als bedeutsam, aber nicht auf die geradezu pietistisch-verzückte Weise wie etwa Siegfried Unseld. »Du sollst dich nicht nach einer vollkommenen Lehre sehnen, sondern nach einer Vervollkommnung deiner selbst« inspirierte mich jedoch nicht zu eskapistischer Morgenlandfahrt. Viel wichtiger waren mir Hesses dialektisch angelegten Romane wie »Der Steppenwolf« und »Narziß und Goldmund«. Während ich bei letzterem spätpubertäre Gefühle und zweifelnd-verzweifelte Fragen nach Unsterblichkeit bewegend angesprochen fand, entdeckte ich im »Steppenwolf« das »Wölfische« auch der Trümmerzeit – und die Sehnsucht derjenigen, die »draußen vor der Tür« standen, nach dem Idyll; denn »irgendwie« sehnten wir uns bei allem Umhergetriebensein und vielfältiger Umtriebigkeit nach Heimstätten und Geborgenheit, wie der »Steppenwolf« nach einem »Leben voll Anstand und Gesundheit, mit Frühaufstehen, Pflichterfüllung, gemäßigt heiteren Familienfesten, sonntäglichem Kirchgang und frühem Schlafengehen«.

**Was bedeutet er Ihnen heute?**

Was er mir seit meiner Studentenzeit war; ein aufwühlender Begleiter durch die Turbulenzen europäisch-deutscher Kultur, mit dem Blick in die weite kulturelle Ferne; ein Dichter, dessen Tun am besten mit seinen eigenen Worten (Harry Hallers Aufzeichnungen im »Steppenwolf« zugeordnet) charakterisiert werden kann: »als Versuch, die große Zeitkrankheit nicht durch Umgehen zu überwinden, sondern durch den Versuch, die Krankheit selber zum Gegenstand der Darstellung zu machen.« Hesse wagte den »Gang durch die Hölle, einen bald angstvollen, bald mutigen Gang durch das Chaos einer verfinsterten Seelenwelt, gegangen mit dem Willen, die Hölle zu durchqueren, dem Chaos die Stirn zu bieten, das Böse bis zu Ende zu erleiden.«

### GÜNTHER GOTTSCHALK

Professor für deutsche Sprache und Literatur, Universität von Kalifornien, Santa Barbara

#### Wann kamen Sie zum ersten Mal mit Hermann Hesse in Berührung?

Als Fünfzehnjähriger aus dem Kampf um West-Berlin heimgekehrt, wurde ich von meiner entschlossenen Mutter widerstrebend in dem wohl ersten Gymnasium eingeschult, das nach dem Zusammenbruch in den Ruinen wieder aufmachte, der Schillerschule neben dem Schillertheater am Knie. Mir stand, weiß Gott, der Kopf woanders. Ich mußte mit dem soeben in seiner ganzen Härte erlebten Schrecken irgendwie innerlich fertig werden, ein Kunststück, das mehrere Jahre dauerte. Gottseidank war ich, wohl im Gegensatz zu Hesse, in die Hände von guten Lehrern gefallen. Während meine zusammengewürfelte Klasse zunächst Steine klopfte, Russisch lernte und über das katastrophale Ende der Welt der Eltern nachdachte, begann unser Deutschlehrer, mit uns Hesses Lyrik zu lesen. Es war wohl der beste Griff, den ein Lehrer zu dieser Zeit überhaupt tun konnte.

#### Welche Bedeutung hatte sein Werk für Sie?

Jahre später bat man uns in einer Konferenz der Dozenten für Auslandsgermanistik an der Universität von Kalifornien um je einen neuen Kurs auf englisch, für den wir qualifiziert seien und uns persönlich besonders begeistern könnten. Ich wählte Hesse und spürte die Augen des Kollegiums auf mir. Meine Themenwahl war eigentlich eine Form des Dankens an Hesse. Ich glaubte, ich hätte zutiefst begriffen, worum es bei Hesse ging, und wollte nun meinerseits versuchen, zumindest einigen jungen Amerikanern das weiterzugeben, was ich selbst Jahre zuvor bei der Lektüre Hesses gespürt hatte. Das Experiment gelang, man höre: sogar noch vor Vietnam!

#### Was bedeutet er Ihnen heute?

Wieder ein paar Jahrzehnte später bin ich noch immer bei Hesse, natürlich wie es das Leben bringt neben vielen anderen Pflichten und Interessen. Daß er zeitlos sei, Generationen, Nationen und Kulturen überspringe, hatte ich schon oft gelesen, aber jetzt erst richtig erfahren. Jedes Jahr versammelt sich wieder eine neue Generation von jungen Amerikanern, um Vorlesungen über Hesse zu hören, jetzt schon viele Jahre nach Vietnam! Das persönliche Erlebnis des Schreckens eines Krieges ist ihnen fremd. An den Tod denken sie wohl kaum, oder zumindest ungern. Das Schulsystem ist inzwischen eher menschenfreundlicher als repressiv. An allen Ecken warten Ratgeber und Therapeuten auf jeden erdenklichen Notfall. Die Eltern meiner Hesse-Studenten haben Hesses Bücher auf den Regalen stehen und fördern sie. Von den Blumenkindern, Hippies und Drop-outs muß ich ihnen erzählen, nicht sie mir. Ich stehe diesen jungen Menschen eigentlich jedesmal etwas verwundert, ja verwirrt gegenüber. Warum haben sie sich gerade für den spartanisch dreinblickenden Alten aus Montagnola mit dem winzigen Strahlenkranz von Lachfältchen um Augen und Mund entschieden? Was bedeutet ihnen der Name Hesse? Ich schließe endlich von mir selbst auf meine Schüler: Hesse steht für eine positive Einstellung zum Menschen, eine vernunftgeleitete, humane Denkungsart, die über den Menschen selbst hinausführt, die es zwar bitter schwer hat in der Welt, die aber unwiderstehlich nach oben drängt. Welch bessere Aufgabe, als junge Menschen an diese Gewißheit zu erinnern?

### ELMAR GUNSCH

Hessischer Rundfunk, Frankfurt am Main

#### Wann kamen Sie zum ersten Mal mit Hermann Hesse in Berührung?

Der erste Kontakt war für den 16jährigen Schüler, der eben erst zu begreifen gelernt hat, daß alle bis dahin scheinbar geltenden Werte wertlos, ja mehr noch, falsch und fatal waren – diese Berührung blieb zunächst eine flüchtige.

#### Welche Bedeutung hatte sein Werk für Sie?

Zehn Jahre nach der Schul-Pflichtlektüre des »Demian« kam Neugierde auf für einen Menschen, der sich lange zuvor zu all den menschlichen und politischen Katastrophen geäußert hatte, die er mit seinen Erkenntnissen nicht hat aufhalten können.

**Was bedeutet er Ihnen heute?**
Heute zählt Hermann Hesse zu den Literaten, die bei mir nicht, einmal gelesen, im Buchregal verstauben. Ich greife zu Hesse unvermittelt, lese oft nur kurze Passagen und brauche dann mindestens die dreifache Zeit, um seine kurzen Formulierungen auf mich wirken zu lassen. Nicht selten stellt sich Resignation ein mit der Erkenntnis, daß er ein Rufer in der Wüste war.

## PETER HÄRTLING
Schriftsteller

**Wann kamen Sie zum ersten Mal mit Hermann Hesse in Berührung?**
1948 las ich – ein 15jähriger Flüchtlingsbub im schwäbischen Nürtingen – »Unterm Rad«, fiebernd, beteiligt, erpicht, »die andern Bücher von Hesse« kennenzulernen.

**Welche Bedeutung hatte sein Werk für Sie?**
Ich lauschte der Stimme eines älteren Gefährten.

**Was bedeutet er Ihnen heute?**
Wie bei allen, die einen lebenslang begleiten, wechselt Nähe mit Entfernung.

## GERD HAFFMANNS
Verleger, Zürich

**Wann kamen Sie zum ersten Mal mit Hermann Hesse in Berührung?**
Als Schüler. »Unterm Rad« war ein frühes, großes Leseerlebnis für mich Internatsinsassen; ich habe dadurch etwas von der Tröstung und der Notwendigkeit des Eskapismus durch Literatur erfahren.

**Welche Bedeutung hatte sein Werk für Sie?**
Etwas entrückt in das schöne Insel-Taschenbuch.

**Was bedeutet er Ihnen heute?**
Ich verehre und bewundere in Hermann Hesse besonders den neidlosen Bewunderer und Förderer so ganz andersartiger und grundverschiedener zeitgenössischer Talente wie Gottfried Benn, Robert Musil, Egon Friedell, Erich Kästner, William Faulkner, Katherine Mansfield, Jerome D. Salinger oder Arno Schmidt. Ein klarer Kopf mit einem weiten Herzen. Ein Rarissimum unter Literaten.

## DR. HILDEGARD HAMM-BRÜCHER
Staatsministerin a.D., München

**Wann kamen Sie zum ersten Mal mit Hermann Hesse in Berührung?**
Kurz nach meinem Abitur 1939. Ein älterer Freund, der später im Krieg fiel, lieh mir nacheinander: »Demian«, »Narziß und Goldmund« und »Siddhartha«. Ich »verschlang« sie, und Hesse wurde für lange Zeit mein »liebster« Schriftsteller.

**Welche Bedeutung hatte sein Werk für Sie?**
Die starken, sich auch beim wiederholten Lesen einstellenden Bewußtseinsschübe, sind schwer zu beschreiben. Ich glaube, die Botschaften seiner großen Erzählungen und Romane haben mir geholfen, erwachsen und selbstbestimmt zu werden in einer Zeit, in der junge Deutsche in totaler geistiger und seelischer Unfreiheit aufgezogen und gehalten wurden. Hesse gehörte zur verdächtigen, wenn nicht verbotenen Lektüre.

**Was bedeutet er Ihnen heute?**
Heute bedeutet mir Hesse dankbare Erinnerung und Bestätigung meiner Ich-Werdung. Seine tiefen Erkenntnisse und Bekenntnisse, übermittelt in einer, in unserer Zeit unerreichten Sprache, vermitteln mir Klärung und Anleitung zur Weisheit des Altwerdens. Heute begleiten mich vor allem seine Gedichte. Meine letzte Rede im deutschen Bundestag – 1990 nach 42jährigem politischen Engagement – schloß ich mit folgenden Zeilen aus den »Stufen«:
»Nur wer bereit zu Aufbruch ist
                          und Reise,
mag lähmender Gewöhnung
                          sich entraffen.
Des Lebens Ruf an uns
                          wird niemals enden.
Wohl an denn Herz, nimm Abschied
                          und gesunde!«

## DR. VOLKER HAUFF
Mitglied des Deutschen Bundestages

**Wann kamen Sie zum ersten Mal mit Hermann Hesse in Berührung?**
Mit 14 Jahren arbeitete ich als Laufjunge in der Buchhandlung Paulus in Esslingen. Ich erfuhr, daß in dieser Buchhandlung vor vielen Jahren Hermann Hesse gearbeitet hat. Das machte mich neugierig.

**Welche Bedeutung hatte sein Werk für Sie?**
Im Laufe der Jahre lernte ich auf die leisen Botschaften in seinem Werk zu achten; seine Ermunterung zum Aufbruch in das Reich der Phantasie aufzunehmen.

**Was bedeutet er Ihnen heute?**
Ich glaube, es gibt kein Buch, das ich

im meinem Leben so oft gelesen habe wie »Siddhartha«.

## DR. AUGUST E. HOHLER
Publizist und Psychologe, Basel

### Wann kamen Sie zum ersten Mal mit Hermann Hesse in Berührung?
Das war während meines Studiums in den vierziger Jahren. Ich zerbrach mir damals den Kopf darüber, wer wohl der »Größte« sei: Thomas Mann mit seinem »Doktor Faustus«, Werner Bergengruen mit dem Roman »Am Himmel wie auf Erden« oder Hermann Hesse mit dem »Glasperlenspiel«. Aber dann fand ich andere Fragestellungen dringlicher, und Werke von Autoren wie Schnurr, Böll, Grass gingen mir mehr unter die Haut.

### Welche Bedeutung hatte sein Werk für Sie?
Natürlich las ich »Demian«, den »Steppenwolf« oder »Narziß und Goldmund« mit heißem Herzen und roten Backen: erregt, befreit, entzückt, auch befremdet. Der Kontinent der Sinnlichkeit, wie ihn Hermann Hesse auf faszinierende Weise erschloß, war neu für mich und nicht ungefährlich, die Sehnsucht in seinen Dichtungen freilich wohlvertraut. Als ich später ein Jahr in Kalifornien lebte, erstaunte es mich ein wenig, aber nicht sehr, daß Hesse auch dort zur Kultfigur geworden ist.

### Was bedeutet er Ihnen heute?
Im »Glasperlenspiel«, das ich unlängst wieder zu lesen begann, bin ich schließlich steckengeblieben, empfinde es bei allem hohen, fremdartigen Reiz doch als zu »abgehoben«, und die andern Werke Hesses sind mir einfach

etwas entglitten – mit einer wichtigen Ausnahme: »Siddhartha«, kürzlich in einem Antiquariat erneut erstanden, habe ich gerührt und mit zunehmender Ergriffenheit aufgenomen und vom Weg des sanften Helden vielleicht etwas mehr begriffen als vor vierzig Jahren. Daß ich den kritischen politischen Hesse bis jetzt zu wenig beachtete, tut mir leid. Aber einiges läßt sich ja nachholen.

## LOTTE INGRISCH
Schriftstellerin, Wien

### Wann kamen Sie zum ersten Mal mit Hermann Hesse in Berührung?
Schon als Kind. Meine Mutter hatte viele seiner Bücher, und sie liebte sie sehr. Ich glaube, ich begann Hesse schon in der Volksschule zu lesen, und als Gymnasiastin verschlang ich ihn geradezu. Ich war Demian, ich war Narziß und wollte Goldmund sein. Damals, über seinen Büchern, ging die Sonne im Osten auf und nie wieder unter für mich.

### Welche Bedeutung hatte sein Werk für Sie?
Wie die Heimkehr in ein verlorenes Paradies. Hesse hat mir die Tür zu mir selbst aufgemacht, meine eigenen Träume und Sehnsüchte ausgesprochen, mir den Weg für ein ganzes Leben gewiesen.

### Was bedeutet er Ihnen heute?
Ich weiß es nicht. Bis in meine späten Zwanzigerjahre habe ich ihn wieder und wieder gelesen, vor allem den »Steppenwolf«. Heute bin ich dreiundsechzig und blättere im Weltbilderbuch, Wahrheit gibt es, wie die Wirklichkeit, nur im Plural. Wenn über-

haupt! Ich habe Angst, Hermann Hesse, der großen Liebe meiner Kindheit und Jugend, noch einmal zu begegnen. Vielleicht haben wir uns beide verändert? Allerdings, während ich diese Zeilen tippe, verwandelt die Angst sich in den Wunsch nach genau dieser Begegnung, auch wenn wir vielleicht beide nicht mehr voreinander bestehen werden. Oder doch?

## DANIEL KEEL
Verleger, Zürich

### Wann kamen Sie zum ersten Mal mit Hermann Hesse in Berührung?
Ende der vierziger Jahre, als Buchhändlerlehrling in Zürich, durch eine Freundin angeregt zu spätpubertärer Lektüre von »Narziß und Goldmund«. Anfang der fünfziger Jahre als frischgebackener Verleger hatte ich ihn auf meine VIP-Liste gesetzt und sandte ihm regelmäßig Diogenes-Bücher. Zum Dank überließ er mir seinen »Autorenabend« sogar honorarfrei.

### Welche Bedeutung hatte sein Werk für Sie?
Am liebsten las ich seine Erzählungen, an denen mir die tiefe Menschlichkeit, die Naturverbundenheit und seine klare, poetische Sprache gefallen.

### Was bedeutet er Ihnen heute?
Hermann Hesse ist nicht nur ein bedeutender Dichter, sondern auch ein großartiger Leser. Was er zum Beispiel über Kollegen geschrieben hat, von Swift über Balzac bis Tolstoi und Oscar Wilde, ist äußerst originell, verblüffend treffsicher und mir als Verleger immer wieder von großem Nutzen – fast wie ein literarischer »Michelin«.

## DR. GERHARD KIRCHHOFF

Literaturwissenschaftler, Publizist und Leiter verschiedener Goethe-Institute (in Australien, Indien, USA, Frankreich)

**Wann kamen Sie zum ersten Mal mit Hermann Hesse in Berührung?**
1942, im letzten Schuljahr, las ich Hermann Hesse. So vieles darin entsprach nicht »unserer Zeit«, denn ich gehörte der Hitlerjugend an und war, als ich damals in den Krieg zog, überzeugt, daß es nötig sei, Deutschland, Frauen, Kinder und Alte zu schützen. An Hesse dachte ich nicht mehr.

**Welche Bedeutung hatte sein Werk für Sie?**
Eines Tages aber zeigte sich die Wirkung jener Lektüre und daß jene Leitfiguren stärker waren als die schwarzbraun gefärbte Diktatur. Und als ich 1948/49 in Basel durch ein Stipendium studieren konnte, begann ich meine Dissertation über Hesse und besuchte den Dichter im Tessin. Seine Bücher sind mir seit jenem Tag immer wichtiger geworden, und ich habe dann in Deutschland, Australien, Kanada, in den USA, in der Schweiz und in Frankreich Vorträge, Seminare und Ausstellungen über Hesse veranstaltet.

**Was bedeutet er Ihnen heute?**
Hesses Weltbild kann, wie bisher wohl kein anderes, die gegenwärtige Krise des Menschen überwinden helfen, die aufgrund der nach außen gerichteten Energien zu einer Verkümmerung des inneren Selbst geführt hat. Heute sehe ich in der auf das eigene Innere, die Seele, gerichteten zentripetalen geistigen Energie der Gestalten in Hesses Dichtungen eine Kraft, welche den Menschen wieder »zu sich selbst« bringen und seine Einheit mit der Natur bewahren helfen kann. Ob dieser Appell in der Welt von heute gehört wird, entscheidet mit über die Zukunft des Menschen.

## KARL KLOTER

Schriftsteller, Luzern

**Wann kamen Sie zum ersten Mal mit Hermann Hesse in Berührung?**
1946 hatte ich den Mut, Hermann Hesse im Hotel »Verenahof« in Baden zu besuchen. Wie so viele seiner Leser empfand ich zuerst dieses innerste Aufgewühltsein, dieses Rütteln an traditionellen Werten, dieses schmerzlichbeglückende Hinweisen weg von gesellschaftlichen Leitbildern, hin zum »Gesetz in der eigenen Brust«.

**Welche Bedeutung hatte sein Werk für Sie?**
Man war da plötzlich nicht mehr allein in seiner Gegensätzlichkeit, nicht mehr verfemt im Glauben des Alleinschuldigseins. Man hatte einen nahen Verwandten gefunden. Und schließlich stieß man auf die Auseinandersetzung mit dem Begriff Eigensinn, der bis dahin in denkbar schlechtem Geruch gestanden hatte, der einem zum Vorwurf gemacht wurde.

**Was bedeutet er Ihnen heute?**
Hesse ist für mich Vorausseher der Zukunft, wie sie beispielsweise in der großartigen Betrachtung zu den »Brüdern Karamasoff oder der Untergang Europas« in unerbittlicher Schärfe gezeigt wird. Dieser »sterbenwollende Europamensch«, wie wir ihm in »Klingsors letzter Sommer« begegnen, läßt uns aber nicht im Dunkeln, er ist ein »Wanderer«, der zwar »im Dunkeln geht, aber vom Licht weiß«.

## TEPPO KULMALA

Schriftsteller und Kulturredakteur, Jyväskylä, Finnland

**Wann kamen Sie zum ersten Mal mit Hermann Hesse in Berührung?**
Zuerst mit dem »Steppenwolf«. Ich war etwa 16. Das Buch rief zum Aufruhr auf. Nach ein paar Jahren war »Siddhartha« die schönste Blume meines Hippie-Idealismus. Wieder nach einigen Jahren kam das »Glasperlenspiel«, dessen Bedeutung wuchs von Jahr zu Jahr und weiter – sich immer etwas ändernd.

**Welche Bedeutung hatte sein Werk für Sie?**
In der Universität war es mir wichtig und geradezu eine Bedingung, Hesse zu erforschen. Ich interessierte mich für ihn, kurz gesagt, weil er ein Rebell und ein Sucher ist; ein Sucher, dessen Ideen meinen eigenen sehr nahe sind – sowohl was philosophische, psychologische, gesellschaftliche, ästhetische oder auch religiöse Fragen betrifft. Hesse hat mir gezeigt, welche gemeinsamen und zugleich ursprünglichen Grundwahrheiten, den Menschen betreffend, die verschiedenen Kulturen verbinden.

**Was bedeutet er Ihnen heute?**
Die Werke von Hermann Hesse bedeuten mir eine ständige Suche nach persönlichen und überpersönlichen Werten, die sich auf Selbsttreue und Freiheit gründen. Sie bedeuten aber auch einen sanften, zugleich aber strengen und dynamischen Aufruhr gegen die oft schädlichen Machtme-

chanismen der Gegenwart, gegen die Unnatur der Konventionen und gegen die Lieblosigkeit der Menschen.

## PROF. DR. INN-UNG LEE
Hankuk Universität, Seoul, Korea

### Wann kamen Sie zum ersten Mal mit Hermann Hesse in Berührung?
In meiner Oberschülerzeit, im Jahre 1958, bin ich zum ersten Male mit Hesse in Berührung gekommen, und zwar durch sein berühmtes Gedicht »Im Nebel« und das schöne Prosastück »Die Wolken« aus der Erzählung »Peter Camenzind«.

### Welche Bedeutung hatte sein Werk für Sie?
Durch Hesses Persönlichkeit und die Lektüre seiner Schriften fand ich für mich zutreffende Wahrheiten, und auf meinem wissenschaftlichen Weg habe ich versucht, ostasiatische Elemente, die das Geistesleben des Dichters stark beeinflußt und in seiner Dichtung Niederschlag gefunden haben, vom ostasiatischen Standpunkt her zu interpretieren.

### Was bedeutet er Ihnen heute?
Wie der deutsche Dichter Hermann Hesse erlebe und erkenne ich alles Leben in zwei komplementären Gegensätzlichkeiten, die aber erst zusammen eine Einheit bilden. Diese Grundanschauung zieht sich auch durch mein ganzes intellektuelles Leben.

## PROF. DR. H.C. ERWIN LEISER
Filmregisseur, Journalist und Schriftsteller

### Wann kamen Sie zum ersten Mal mit Hermann Hesse in Berührung?
Als Gymnasiast im Berlin der dreißiger Jahre begann ich Hesse zu lesen und nahm seine Bücher 1939 mit in die Emigration. Das Erlebnis, als Jude ausgestoßen zu sein und zur Auswanderung gezwungen zu werden, wenn ich überleben wollte, ließ mich schon damals Hesse als einen Weggefährten erleben. »Demian« wurde mein Lieblingsbuch.

### Welche Bedeutung hatte sein Werk für Sie?
In Büchern wie »Demian«, »Der Steppenwolf«, »Siddhartha« und »Unterm Rad« fand ich Schilderungen von Gefühlen und Erlebnissen, die ich als Bestätigung eigener Empfindungen und Erfahrungen auffaßte. Hesse gab mir Antworten auf existentielle Fragen und wirkte befreiend auf mich.

### Was bedeutet er Ihnen heute?
Mehr als ein halbes Jahrhundert später hat sich an meinem Verhältnis zu Hesse nichts geändert. Eine Reihe von Autoren, die ich in meiner Jugend liebte, vermag ich heute nicht mehr zu lesen. Das gilt nicht für Hesse. Die Lektüre seiner Bücher ist für mich verbunden mit der Freude des Wiedererkennens und neuer Entdeckungen. Die ursprüngliche Wertschätzung hat sich vertieft durch das Kennenlernen seiner unerschrockenen und konsequenten politischen Haltung – auf die ich bereits in einem Artikel in Schweden hinwies, als er den Nobelpreis erhielt – und seine sensible literarische Gestaltung des Jazzerlebnisses im »Steppen-wolf« empfinde ich heute noch als unübertroffen und von zeitloser Gültigkeit.

## OTTO LOEPFE
Präsident der Geschäftsleitung Swissair, Zürich

### Wann kamen Sie zum ersten Mal mit Hermann Hesse in Berührung?
Meine frühesten Kontakte mit den Büchern von Hermann Hesse erfolgten während meiner Zeit im Militärdienst. Mein Lieblingsbuch war damals »Siddhartha«.

### Welche Bedeutung hatte sein Werk für Sie?
Hesse hatte eine tiefe Wirkung auf mein Denken. Sein Überblick über die Weltliteratur, seine Menschlichkeit, seine Toleranz und sein feiner Humor waren mir Vorbild.

### Was bedeutet er Ihnen heute?
Ein ständiger Begleiter in turbulenten Zeiten. Ich staune immer wieder, wieviel Facetten dieser Dichter und Mensch mit seinem enormen Tiefgang gerade in der heutigen Zeit zu bieten hat.

## HUGO LOETSCHER
Schriftsteller, Zürich

### Wann kamen Sie zum ersten Mal mit Hermann Hesse in Berührung?
»Seltsam im Nebel zu wandern«, das war ein Vers, den ich von meiner Mutter hörte, einer Arbeiterfrau, für die es kaum Literatur gab: »Kein Mensch kennt den andern/Jeder ist allein.« Daß diese Verse von jemandem stammten, davon war nie die Rede. Und schon gar nicht, daß der

Verfasser Hermann Hesse hieß. Als Gymnasiast las ich dann »Knulp« und »Demian« in den schönen blauen Ausgaben der Büchergilde Gutenberg (Zürich). Diese Bücher gehörten zu den ersten, die ich käuflich erwarb; sie waren frühe Steine einer späteren Bibliothek.

**Welche Bedeutung hatte sein Werk für Sie?**
Die Lektüre des »Steppenwolf« war ein Schock. Der ging tiefer als »Demian«. Ein Erschrecken darüber, was für Gegensätze in einem Dichter (und damit in einem Menschen) möglich sind. Hesse zerstörte für immer das Bild des idyllisch-homogenen Poeten, und nicht nur, was seine eigene Person und sein eigenes Werk betrifft. Es war eine Lektion in »Modernität«. Allerdings hat Hesse sich auf mein Schreiben selber kaum ausgewirkt.

**Was bedeutet er Ihnen heute?**
Als »Der Steppenwolf« in den späten sechziger Jahren zu einem Insider-Roman wurde, machte ich mich erneut an seine Lektüre. Bewunderung stellte sich ein, wenn auch gedämpft. Seither habe ich nie mehr gezielt Hesse gelesen.

## HELMUT LOHNER
Schauspieler, Wien

**Wann kamen Sie zum ersten Mal mit Hermann Hesse in Berührung?**
Während meiner Schulzeit mit 16 Jahren las ich »Narziß und Goldmund« und fand es schrecklich. Ein Jahr später – als Pflichtlektüre – »Steppenwolf« und fand es hinreißend.

**Welche Bedeutung hatte sein Werk für Sie?**
Seine Lyrik verführt immer zu Träumereien. Zitat: »Seltsam, im Nebel zu wandern«.

**Was bedeutet er Ihnen heute?**
»Steppenwolf« und Lyrik bleiben bis zum Gedächtnisschwund.

## HERMANN LENZ
München

**Wann kamen Sie zum ersten Mal mit Hermann Hesse in Berührung?**
1931 las ich Gedichte von Hesse, später »Unterm Rad«. In »Knulp« steht ein Gedicht, das mir besonders gut gefällt:
»Es sitzt ein müder Wanderer
In einer Restauration.
Das ist bestimmt kein anderer
Als der verlorene Sohn.«

**Welche Bedeutung hatte sein Werk für Sie?**
In seinem Werk fand ich meine Heimat gespiegelt: klar und hell. Sein Werk stärkte mich.

**Was bedeutet er Ihnen heute?**
Hesse hat mich zur Dickköpfigkeit ermuntert und tut es noch. In »Die Nürnberger Reise« steht der Satz: »...daß wir in unserer Not keine Zuflucht haben als die zur größtmöglichen Aufrichtigkeit«. Das ist nach meinem Sinn.

## DR. KURT MARTI
Schriftsteller, Bern

**Wann kamen Sie zum ersten Mal mit Hermann Hesse in Berührung?**
Mit 16 Jahren begann ich, Hesse zu lesen, zuerst den »Demian«, dann den »Steppenwolf« und viele weitere Werke. Im Februar 1962 bat ich ihn brieflich, einen Aufruf zugunsten der Volksinitiative gegen eine schweizerische Atombewaffnung zu unterzeichnen. Ohne Wenn und Aber stimmte er postwendend zu.

**Welche Bedeutung hatte sein Werk für Sie?**
Schreibend gab Hesse sich selber preis, viel mehr als z.B. Thomas Mann. Für mich als Jugendlichen war das seinerzeit ungemein hilfreich und anregend, und bis heute scheint es vielen jungen Menschen ähnlich zu ergehen.

**Was bedeutet er Ihnen heute?**
Für mich ist der politische Hesse wichtig geblieben. Auch hat seine Zivilisationskritik an Aktualität nichts eingebüßt, im Gegenteil. Dadurch und durch seine lebenslange Suche nach dem eigenen Selbst der eigenen Identität bleibt er für mich nach wie vor bedeutungsvoll.

## REINHOLD MESSNER
Bergsteiger, Algund/Italien

**Wann kamen Sie zum ersten Mal mit Hermann Hesse in Berührung?**
Als Schüler.

**Welche Bedeutung hatte sein Werk für Sie?**
Ein wichtiger Begleiter.

**Was bedeutet er Ihnen heute?**
Immer wieder als Expeditionslektüre
dabei.


## E.Y. MEYER
Schriftsteller, Bern

**Wann kamen Sie zum ersten Mal mit
Hermann Hesse in Berührung?**
Büchern von Hermann Hesse begegnet bin ich, als ich mit deren Inhalt
noch wenig anzufangen wußte, schon
in meiner frühesten Kindheit – beim
Auskundschaften der zimmerfüllenden
Masse von Druckerzeugnissen, die
meine Großmutter väterlicherseits auf
der »Gant« zusammen mit Möbel-
stücken und weiteren, zum Teil aus
vornehmen Familien stammenden,
mehr oder weniger kuriosen Gerät-
schaften in Basel zusammengekauft
und in ihrem Haus gehortet hatte.

**Welche Bedeutung hatte sein Werk
für Sie?**
Intensiver mit dem Werk dieser ein-
drücklichen Dichter-Figur zu beschäfti-
gen habe ich mich dann während meiner Universitäts-Zeit begonnen und
beim Schreiben des Romans »Die
Rückfahrt«, in dem Hermann Hesse
unter dem Namen »Hermann Haller«
eine wichtige Rolle für den seinen Weg
suchenden jugendlichen Helden spielt.

**Was bedeutet er Ihnen heute?**
Heute hängt in meinem Arbeitszim-
mer eine Fotografie von Hermann
Hesse, unter der in dessen Handschrift
geschrieben steht: »Gegen die Infa-
mitäten des Lebens sind die besten
Waffen: Tapferkeit, Eigensinn und
Geduld. Die Tapferkeit stärkt. Der
Eigensinn macht Spaß und die
Geduld gibt Ruhe.«


## PROF. JOSEPH MILECK
University of California,
Berkeley/USA

**Wann kamen Sie zum ersten Mal mit
Hermann Hesse in Berührung?**
Schon vor 1945 waren Thomas Mann
und Franz Kafka meine Lieblingsdich-
ter. Erst als Student lernte ich Hesse
kurz nach dem Zweiten Weltkrieg
kennen.

**Welche Bedeutung hatte sein Werk
für Sie?**
Alle drei waren sowohl ein ästhetisches
als auch ein Gedanken produzierendes
Erlebnis. Mein jugendlicher Skeptizis-
mus fand seinen bestätigenden Wider-
hall in Manns trostloser Auffassung des
Menschenloses, und Kafkas Hilf- und
Hoffnungslosigkeit sprachen meine
eigene Verzweiflung aus. Hesses men-
schen- und lebensbejahende Weltanschauung dagegen war für mich eine
willkommene Offenbarung.

**Was bedeutet er Ihnen heute?**
Hesse wurde und blieb mein Mentor;
mein »Musikmeister« und »älterer
Bruder«.


## DR. ALOIS MOCK
Ehem. Außenminister der
Republik Österreich

**Wann kamen Sie zum ersten Mal mit
Hermann Hesse in Berührung?**
Bekanntschaft mit dem Werk Hermann Hesses schloß ich im Stiftsgym-
nasium Seitenstetten. »Siddhartha«
und das »Glasperlenspiel« sind dabei
deutlich in meiner Erinnerung geblieben.

**Welche Bedeutung hatte sein Werk
für Sie?**
Hesses Werk war für den jugendlichen
Leser gleichzeitig Spiegel der Zerrissenheit jedes Menschen auf der Suche
nach dem Sinn des Lebens und Streben nach der Verwirklichung von
höheren Werten. Verbunden mit
einem gelebten Europäertum gab
mir Hermann Hesse in seinen Erzählungen, Gedichten und Entwicklungs-
romanen sehr viel Stoff zum Nachdenken.

**Was bedeutet er Ihnen heute?**
Als Politiker bleiben vor allem das
gelebte Europäertum und das Streben
nach aufrichtiger Humanität Eckpfeiler
des eigenen Handelns und Gestaltens.


## DR. ADOLF MUSCHG
Schriftsteller, Männedorf/Schweiz

**Wann kamen Sie zum ersten Mal mit
Hermann Hesse in Berührung?**
Als Fünfzehnjähriger las ich den
»Steppenwolf« – natürlich hat er in
meiner Entwicklungsgeschichte Epoche
gemacht. Wer kam sich in der Pubertät nicht als gespaltener Mensch vor?
Wer hörte nicht einen einsamen Wolf
in der armen Seele heulen – ohne
schon genau zu wissen, wonach?

**Welche Bedeutung hatte sein Werk
für Sie?**
Für mich habe ich Hesse, je länger
desto respektvoller, als schriftlerisch-
schen Charakter entdeckt – einen der
wenigen unerschrockenen und unbestechlichen in diesem Jahrhundert.

**Was bedeutet er Ihnen heute?**
Zeitgenossenschaft – Eigen-Sinn des
Gefühls, Unabhängigkeit des Urteils.

Darum ein geprüfter Gefährte auf einem inneren Weg.

## ANNA OTTEN
Literaturwissenschaftlerin und Professorin am Antioch College, Ohio/USA

### Wann kamen Sie zum ersten Mal mit Hermann Hesse in Berührung?
Mein Weg zu Hermann Hesses Werk begann, als ich Gymnasiastin war und mit »Peter Camenzind« bekannt wurde. Später las ich alle seine Werke. Ich fühlte, daß dieser Dichter ein besonderer Mensch war, die Natur und Mitmenschen liebte, und, wie Goethe, seinem eigenen Gesetz folgte, das ihn zur Gott-Natur führen würde. Er hatte die Gabe, in seiner Poesie die stumme Natur zu beleben, so daß verständnisvolle Mitmenschen, die er als seine Brüder empfand, diesen Weg einschlagen konnten.

### Welche Bedeutung hatte sein Werk für Sie?
Später, als ich an einer amerikanischen Universität deutsche Literatur unterrichtete, lasen wir oft Hesse. Meine Studenten waren verständnisvoll und begeistert. Es war eine Freude, ihre Interpretationen zu hören. Besonders in den sechziger und siebziger Jahren waren sie sofort bereit, diesen Dichter ganz zu verstehen und zu verehren. Harry Hallers Satz, daß seine Gestalt wie Salz im Wasser aufgeht, beeindruckte sie besonders. Als ich Hesse 1959 in Lugano besuchte, sprachen wir natürlich auch über meine Studenten. Er freute sich über ihre Begeisterung und stellte Fragen, die bewiesen, daß er nicht nur ein weiser Mensch und großer Dichter, sondern ein bewundernswerter Lehrer war. Am Schluß des denkwürdigen Nachmittags nahm er mich bei der Hand und führte mich in ein Zimmer, wo ein Gemälde seiner Heimatstadt Calw hing. Dort zeigte er mir lachend, wo er einst fischen ging und wo seine Freunde wohnten. An diesem Tag wurde mir der große Dichter zum lieben älteren Bruder, dessen Einfluß auf mein Leben groß ist.

### Was bedeutet er Ihnen heute?
In unserem Zeitalter der Egozentrik brauchen wir Menschen, die uns Brüderlichkeit lehren. Die Jugend braucht heute mehr denn je ältere Brüder, die den Weg zur uneigennützlichen Menschlichkeit weisen, so daß sie ihr Ego wenigstens manchmal vergessen können.

## PROF. DR. AMLETO PEDROLI
Literaturwissenschaftler und Übersetzer, Lugano

### Wann kamen Sie zum ersten Mal mit Hermann Hesse in Berührung?
Meine erste Lektüre eines Werkes von Hermann Hesse geht auf die fünfziger Jahre zurück, als ich »Das Glasperlenspiel« in italienischer Übersetzung las (»Il gioco delle perle di vetro«).

### Welche Bedeutung hatte sein Werk für Sie?
Von größter Wichtigkeit, so daß ich einige weitere seiner Schriften übersetzte.

### Was bedeutet er Ihnen heute?
Hermann Hesses poetische Stimme, stets aktuell, stets lebendig, seine phantastische Welt in unserer Realität haben immer noch große Resonanz und bedeuten für mich einen der höchsten Versuche der Literatur des zwanzigsten Jahrhunderts.

## DR. MARTIN PFEIFER
Literaturwissenschaftler und Hesse-Bibliograph, Hanau

### Wann kamen Sie zum ersten Mal mit Hermann Hesse in Berührung?
Mit Hermann Hesse kam ich als Pennäler in den frühen vierziger Jahren, also noch während des »Tausendjährigen Reiches«, erstmals in Berührung. Damals war mir sein Büchlein »Eine Bibliothek der Weltliteratur« in die Hände gefallen.

### Welche Bedeutung hatte sein Werk für Sie?
Dieses Büchlein führte mich in eine reiche, mir bis dahin unbekannte Literaturwelt und machte mich zum suchenden Leser. Dann war es »Das Glasperlenspiel«, dessen Zeitkritik mich ansprach und dessen ethische Grundaussage mich bereicherte und zu weiterer Hesse-Lektüre motivierte.

### Was bedeutet er Ihnen heute?
Hesse bedeutet mir auch heute noch unendlich viel. Das findet seinen Ausdruck darin, daß der Erforschung seines Lebens und Werkes der Großteil meiner täglichen Arbeiten gilt und ich mich bemühe, Hesse-Lesern ein kundiger Partner zu sein.

## DR. FRIEDBERT PFLÜGER
Mitglied des Deutschen Bundestages

### Wann kamen Sie zum ersten Mal mit Hermann Hesse in Berührung?
Leider erst nach der Schule. Auf Empfehlung meines Vetters las ich als

19jähriger im Sommer 1974 »Narziß und Goldmund«. Danach habe ich begeistert ein Buch nach dem anderen gelesen. Am liebsten sind mir »Siddhartha« und »Demian« geworden.

## Welche Bedeutung hatte sein Werk für Sie?

Neben vielen Weisheiten haben mich vor allem zwei Botschaften Hesses besonders berührt: 1. Bevor wir uns an die Veränderung der Welt machen, müssen wir zunächst uns selbst suchen und fest werden. Die Schwierigkeiten und Krisen, die bei der Selbstfindung zu bewältigen sind, hat Hesse auf eine Weise beschrieben, in der sich wohl jeder junge Mensch wiederfinden kann. Aus dem »Kampf Jakobs« im »Demian« zum Beispiel habe ich viel Kraft für die eigene Suche gefunden.

## Was bedeutet er Ihnen heute?

Hesse räumt dem einzelnen Menschen unbedingten Vorrang vor den Ansprüchen von Nation, Volk, Staat, Gesellschaft, Kirche und Ideologie ein. So steht er in Opposition gegen Wilhelminismus, Weltkrieg und den Wahn völkisch-nationalistischen Denkens, das in der Weimarer Republik mächtig wurde und dem Nationalsozialismus den Weg bereitete. Gleichzeitig aber verabscheute er die »linken« Marschbefehle und Heilslehren (»von 1916 an stand ich vollkommen allein, für die Patrioten ein Schwein, für die Revolutionäre ein rückständiger Bürgerlicher«). Hesses Werk ermutigt zu einer wirklichen Weltverbesserung – fernab totalitärer Erlösungsverheißung, eine Ermutigung war »Zarathustras Wiederkehr«.

## PROF. DR. MARCEL PRAWY
Ehrenmitglied der Wiener Staatsoper

## Wann kamen Sie zum ersten Mal mit Hermann Hesse in Berührung?

Meines Wissens nach war das erste Buch, das ich von Hermann Hesse kennengelernt habe, ein Roman über einen Komponisten, in dessen Oper die Hauptdarsteller sich verlieben. Der Titel war »Gertrud«.

## Welche Bedeutung hatte sein Werk für Sie?

Als meine Schulkollegen behaupteten, meine Seele wäre halb Mensch, halb Wolf, erfuhr ich, daß sie sich auf den Roman »Der Steppenwolf« von Hesse bezogen, den ich nachher mit Freude gelesen habe, doch ohne eine Ähnlichkeit mit mir zu finden.

## Was bedeutet er Ihnen heute?

Er ist der Dichter der Lieder »Frühling«, »Beim Schlafengehen«, »September« aus dem Zyklus der vier letzten Lieder von Richard Strauss, 1948.

## DR. JOHANNES RAU
Ministerpräsident des Landes Nordrhein-Westfalen

## Wann kamen Sie zum ersten Mal mit Hermann Hesse in Berührung?

Die beiden Großen der Literatur aus der Vor- und Nachkriegszeit (Hermann Hesse und Thomas Mann) waren beherrschende Autoren eines Literaturkollegs, an dem ich mit achtzehn Jahren teilnahm.

## Welche Bedeutung hatte sein Werk für Sie?

In jungen Jahren haben mich seine Erzählungen (»Narziß und Goldmund«

am meisten) fasziniert, weil ich die Sprachmächtigkeit, die Lauterkeit und die Glaubwürdigkeit des Autors spürte. Die Phantasien und Erlebnisse seiner Personen spiegelten so manche eigenen Stimmungen und Wünsche wieder. Heute lese ich seine mir vertrauten Werke mit dem Wissen, daß Hermann Hesse stets im Widerspruch zwischen Geist und Leben gestanden hat und erkenne den tiefen Wunsch eines Menschen, »den Weg zu sich selber zu finden«.

## Was bedeutet er Ihnen heute?

Immer wieder Neues zu entdecken und die Übereinstimmung manches Gedankens und mancher Feststellung wie zum Beispiel dieser: »Von den vielen Welten, die der Mensch von der Natur nicht geschenkt bekam, sondern sich aus eigenem Geiste erschaffen hat, ist die Welt der Bücher am größten.« Das ist gewiß nicht nur dem ehemaligen Verlagsbuchhändler Rau aus dem Herzen gesprochen.

## PROF. DR. HORST REIMANN
Ordinarius für Soziologie und Kommunikationswissenschaften an der Universität Augsburg

## Wann kamen Sie zum ersten Mal mit Hermann Hesse in Berührung?

Meine erste Begegnung mit Hermann Hesse hatte ich, als mir mein Vater aus dem Kriege im Mai 1941 das Inselbändchen »Vom Baum des Lebens« schickte – aus einer Frontbuchhandlung dem Quintaner. Viele der Gedichte weiß ich noch heute auswendig. Nach 1945 lebte ich in Weißenfels, der einstigen Heimstatt von Novalis, von dem Hesse gesagt hat, daß er das »wunderlichste und geheimnisvollste Werk, das die deutsche Geschichte kennt« uns hinterlassen habe. Von beiden Dichtern inspiriert, hatte sich dort ein kleiner literarisch-poetischer Zirkel gebildet, der sich besonders intensiv mit Hesses Œuvre beschäftigte. Wir lasen und diskutierten fast etwas besessen vor allem »Das Glasperlenspiel«, das mich noch heute in Bann hält.

### Welche Bedeutung hatte sein Werk für Sie?

Die große Faszination ging für mich von der Weltbürgerlichkeit Hesses aus, von der selbstverständlichen Einbeziehung und Verschmelzung vieler Kulturen (und Künste), bis ins Sprachlichformale der Erzähl- und Dichtkunst hinein, ein neuer west östlicher Diwan!

### Was bedeutet er Ihnen heute?

Der Magister Ludi hat mich nicht verlassen: er ist die Herausforderung, die sich wohl jedem sensibleren Lehrer immer wieder stellt.

### DR. MED. ERWIN RINGEL
Professor an der Universität Wien

### Wann kamen Sie zum ersten Mal mit Hermann Hesse in Berührung?

Ich lernte Hermann Hesse 1946 erstmals kennen, durch sein Buch »Der Steppenwolf«, welches mich veranlaßt hat, in der Folge alle seine Werke »zu verschlingen«.

### Welche Bedeutung hatte sein Werk für Sie?

Ich glaube, daß niemand – mit Ausnahme von Knut Hamsun (der Hesse außer Zweifel beeinflußt hat) – jemals die Neurose so richtig und gleichzeitig so dichterisch beschrieben hat wie

Hermann Hesse. Wie man zum Beispiel aus dem »Kurgast« (eines meiner Lieblingsbücher) deutlich erkennt, ist sein Werk aus dem eigenen Erleben geschöpft. In diesem Zusammenhang erlaube ich mir, an den Ausspruch Ninon Hesses zu erinnern: »ich bin draufgekommen, daß wenn ich dem Menschen Hesse geholfen habe, ich dem Dichter schadete.« Man kann aus seinen Werken auch deutlich jenen Zeitpunkt abgrenzen, in dem seine Analyse begonnen hat. Die nach der Analyse geschriebenen kennzeichnen sich durch mehr geistige Auseinandersetzung (ähnlich Thomas Mann), haben aber meiner Meinung nach an emotionalem Druck verloren (»Narziß und Goldmund«, »Das Glasperlenspiel«). Von all dem unabhängig verehre ich aber Hesse als einen großen Lyriker und habe einige seiner Gedichte auswendig gelernt. Nicht vergessen sollte man auch seine sachkundigen, präzisen Buchbesprechungen.

### Was bedeutet er Ihnen heute?

In meinen wissenschaftlichen Publikationen (vor allem über das präsuizidale Syndrom, das ich beschrieben habe), zitiere ich Hesse zu wiederholten Malen, weil man gerade aus dem »Steppenwolf« sehr viel über das Entstehen von neurotischer Selbstmordgefahr lernen kann. Es gibt wenige Vorträge von mir, bei denen Hesse nicht zitiert wird.

### GERHARD ROTH
Schriftsteller, Wien

### Wann kamen Sie zum ersten Mal mit Hermann Hesse in Berührung?

Nachdem ich »Abschied von den Eltern« und »Fluchtpunkt« von Peter

Weiss gelesen hatte. Hesse galt damals – wir befaßten uns mit der »Wiener Gruppe«, dem Surrealismus und Dadaismus – als bürgerlich biederer Autor. Aber Peter Weiss war für mich ein sehr wichtiger Autor. Nach einigen nicht geglückten Versuchen der Annäherung stieß ich auf »Siddhartha«, dann las ich den »Steppenwolf« und eine Biographie. Seither ist Hesse für mich nicht nur ein literarischer, sondern vor allem ein religiösphilosophischer, human-philosophischer Weiser in der Literatur.

### Welche Bedeutung hatte sein Werk für Sie?

Wie gesagt, zuerst wenig interessant. Ich hatte nicht sofort Zugang. »Siddhartha« habe ich gelesen, als ich bei meinem Medizinstudium zu sezieren begann. Er ließ mich die Dinge, die mir zustießen, in Zusammenhängen sehen, also nicht als einzelne Phänomene.

### Was bedeutet er Ihnen heute?

Ralph Freedman bezeichnet Hesse als »Autor der Krisis«. Sicher, er war der Autor der eigenen Krisen, aber er blieb für mich auch der Autor meiner eigenen Krisen. Ich las Hesse jedesmal, wenn etwas umstürzte in mir. Hesse gibt die Antworten auf die religiösen Zweifel, Sehnsüchte und geheimen Gedanken (in unserer Zeit). Er hatte einen hellen Verstand, ein waches Auge und sah weit in die Zukunft, bis in die Mitte des menschlichen Herzens.

## HEINZ RÜHMANN
Schauspieler, Berg

**Wann kamen Sie zum ersten Mal mit Hermann Hesse in Berührung?**
Hesse ist mir persönlich nie begegnet.

**Welche Bedeutung hatte sein Werk für Sie?**
Ich hatte oft von ihm gehört und kaufte das erste Buch.

**Was bedeutet er Ihnen heute?**
Heute ist er die Nummer 1 in meinem Bücherschrank, und nachts liegen seine Werke auf meinem Nachttisch. Er bedeutet mir sehr viel, und ich gebe das auch bei meinen Leseabenden in der Kirche an das Publikum weiter. Favorit unter allem ist natürlich das Gedicht »Stufen«.

## CHRISTIAN IMMO SCHNEIDER
Professor für Deutsch, Central Washington University, Ellensburg/USA

**Wann kamen Sie zum ersten Mal mit Hermann Hesse in Berührung?**
Nach dem Zusammenbruch des Naziregimes, als das Lebenswerk des Literatur-Nobelpreisträgers von 1946 auch der jungen Generation untrügliche Orientierungsmöglichkeiten auf der Suche nach bleibenden Werten und Idealen versprach. Was damals wie ein Pfeil ins Schwarze traf, das Motto zu dem Buch »Demian« in seiner für die Problematik des Pubertätsalters zeitlosaktuellen Formulierung: »Ich wollte ja nichts als das zu leben versuchen, was von selber aus mir heraus wollte. Warum war das so schwer?«

**Welche Bedeutung hatte sein Werk für Sie?**
Hesses literarisches Werk bestimmte von Anfang an meinen geistig-beruflichen Lebensweg. Als Ergebnis eines preisgekrönten Primaneraufsatzes über »Das Glasperlenspiel« waren mir die gesammelten Werke des Dichters überreicht worden. Eine kurze, jedoch einflußreiche Korrespondenz mit dem Dichter bewirkte, daß ich später, in den USA, meine akademischen Studien mit einer Dissertation über das Todesproblem bei Hesse formal beendete. Seither wurden internationale Hesse-Kolloquien und die persönliche Begegnung mit Hesses Verwandten, Freunden, Herausgebern und Erforschern seiner Werke zur Anregung für weitere Publikationen, darüber hinaus aber zur nie abreißenden Kette geistiger Bereicherung.

**Was bedeutet er Ihnen heute?**
Was bei Hesse glänzt, mehr im Verborgenen als offenkundig, ist wahrhaftig nicht für den Augenblick geboren. Seine Dichtungen, so scheint mir, werden auf jeder Lebensstufe zu neu erprobten Wegweisern auf dem Weg der Individuation jedes einzelnen Lesers. Für den Auslandsdeutschen trifft, neben Hesses postmodernem Gedankenreichtum weltliterarischer Provenienz, der Reiz einer im wahrsten Sinne des Wortes »rein« gebliebenen deutschen Sprache. Sie berührt nach wie vor intuitiv als »Muttersprache«, verpflichtet aber durch ihre Unbestechlichkeit diejenigen zur Wahrheit im eigenen Denken und Formulieren, die sich mit seiner Sprachkunst ernsthaft auseinandersetzen. Bereits die Lektüre eines seiner konzentrierten, in Wort und Klang unversehrt ansprechenden Gedichte läßt uns den Sinn des zu Ende gehenden Lebens erahnen: »es wird vielleicht auch noch die Todesstunde/Uns neuen Räumen jung entgegensenden...« Nur ein Dichter wie Hesse mit stetem Einbezug einer solchen metaphysischen Transzendenz hält letzter Daseinsprüfung wirklich stand.

## DR. MAX SCHMID
Literaturwissenschaftler, Richterswil/Schweiz

**Wann kamen Sie zum ersten Mal mit Hermann Hesse in Berührung?**
Als Gymnasiast las ich wie viele meines Alters fiebernd »Demian«, »Siddhartha« und alle Erzählungen. Es waren meine eigenen Nöte, von denen in Hesses Werk die Rede war, meine Sehnsüchte, und ich glaubte mich in meiner damaligen diffusen depressiven Grundstimmung bei der Lektüre bestätigt.

**Welche Bedeutung hatte sein Werk für Sie?**
Als Student in den ersten Semestern las ich vor allem die Werke Ludwig Klages. Hesses Werk von »Demian« bis zum »Glasperlenspiel« deutete ich nun, allzu rigoros und einseitig, wie mir heute scheint, als Gestaltung der Sehnsucht nach einem von Zeit und Bewußtsein befreiten Erleben. Ich schrieb meine Dissertation über Hesse; sie erschien 1947 als Buch mit dem Titel »Hermann Hesse, Weg und Wandlung«. Hesse gefiel, so schrieb er, »das Vordringen vom Psychologischen zum Wesentlichen.«

**Was bedeutet er Ihnen heute?**
Heute erlebe ich Hesses Werk vielfältiger, lebendiger, farbiger, auch kriti-

scher. Ich liebe den unverwechselbaren Klang seiner Sprache, und ich denke mit Dankbarkeit und Zuneigung an den Menschen Hesse, der mir wie Tausenden von Menschen Halt und Zuspruch gegeben und mein Fühlen und Denken bereichert hat.

## PETER SPYCHER

Professor für deutsche Literaturgeschichte, Oberlin College, Ohio/USA

**Wann kamen Sie zum ersten Mal mit Hermann Hesse in Berührung?**
Als Gymnasiast (in den 1930er Jahren) las ich von Hesse ein paar Gedichte (z.B. »Im Nebel«), Erzählungen (z.B. »Knulp«) und den Roman »Peter Camenzind«, außerdem Adele Gunderts Buch »Marie Hesse: Ein Lebensbild in Briefen und Tagebüchern«, und ich ließ mich dadurch zu romantischen Träumereien verleiten, während literarisch wache Klassenkameraden und sonstige Altersgenossen Hesses Hauptwerke verschlangen und in deren Spiegel zu einem jugendlichen Selbstverständnis vordrangen. – Als Student der Germanistik an der Universität Zürich (in den vierziger Jahren) stand ich im Bann meines Lehrers Emil Staiger, für den die deutsche Klassik und Frühromantik eine Epoche der literarischen Vollendung oder Höhe war und der Hesse einer »Spätzeit«, allenfalls einer (damaligen) »Moderne« (siehe »Der Steppenwolf«) zuteilte. – Als Professor für neuere deutsche Literaturgeschichte am Oberlin College (Ohio, USA) kam ich Hesse erst anfangs der siebziger Jahre näher, nämlich zur Blütezeit des großen amerikanischen Hesse-Kultes. In einem von mir in englischer Sprache durchgeführten Kurs über Hesse

prallte mein »deutsches«, geschichtliches Hesse-Bild auf das amerikanische aktuelle Kult-Bild der Studenten, die keine Kritik an ihrem Guru duldeten. Immerhin beauftragte mich bald nach meiner »Niederlage« der Leiter eines Schweizer Verlags (Huber) mit der Ausarbeitung einer Gesamtdarstellung von Hesses Leben und Werk unter besonderer Berücksichtigung des Hesse-Kultes. Der Leiter wurde plötzlich entlassen (aus politischen Gründen); dessen Nachfolger zeigte kein Interesse für Hesse und keines für mich. Ich benutzte diese Gelegenheit, um mich zu beschränken auf Hesses Lyrik, die bis dahin merkwürdigerweise noch nie umfassend untersucht und dargestellt worden war. In rund zehnjähriger Arbeit kam »Eine Wanderung durch Hermann Hesses Lyrik: Dokumentationen und Interpretationen« (Bern: Peter Lang, 1990) zustande. Ich hatte meine Untersuchung von Hesses Lyrik aus achtungsvoller, aber ziemlich kühler Distanz heraus begonnen; im Lauf der Zeit hatte ich mich mehr und mehr dafür erwärmt; am Ende verspürte ich eine echte Zuneigung zu Hesse, zu manchen seiner Gedichte, zu seinem literarischen und seinem in einem weiteren Sinne kulturellen und erzieherischen Werk, eine Zuneigung, die mir geblieben ist.

**Welche Bedeutung hatte sein Werk für Sie?**
**Was bedeutet er Ihnen heute?**
Hesses Werk übte und übt auf mich vielerlei und vielschichtige Wirkungen aus. Hier will ich bloß folgende, für mich wichtige Aspekte hervorheben: Hesse entdeckte schon als kleiner Knabe seine Bestimmung zum Dichter, und er setzte dann diese Bestim-

mung mit unerbittlicher Konsequenz gegen alle Hindernisse hindurch in eine lebenslängliche, reiche Wirklichkeit um. Sein Lebensweg im ganzen war einer der Befreiung aus den Begrenzungen seines pietistisch-protestantisch-seelsorgerisch-christlichen Elternhauses und aus denen seiner schweizerisch-schwäbisch-deutschgeschichtlichen Herkunft. Befreiung hieß zugleich Erweiterung des Horizonts, Aneignung neuer Bereiche sowohl der seelischen Innenwelt als auch der menschheitlichen, »physischen« und »metaphysischen« Außenwelt; und Befreiung hieß schließlich die unbestechliche Ausbildung, Ausprägung und Behauptung der eigenen Individualität. – Besonders beeindruckt war und bin ich von Hesses religiöser Befreiung und Entwicklung aus einem dogmatischen Christentum in eine Weltreligion, die dann auch das Christentum miteinschloß. – Hesse besaß ein ungewöhnliches Maß an Selbsteinsicht; Unehrlichkeit gab es bei ihm nicht.

## GEROLD SPÄTH

Schriftsteller, Wagen/Rapperswil, Schweiz

**Wann kamen Sie zum ersten Mal mit Hermann Hesse in Berührung?**
Gleich von Anfang an hat mir (u.a. als Orgelbauer und Fischer) gefallen, wie der alte Hesse lebte: Willst du glücklich werden – werde Gärtner! Das war Jahre, bevor ich den »Steppenwolf« zur Hand nahm.

**Welche Bedeutung hatte sein Werk für Sie?**
Merkwürdigerweise haben mich seine »kleinen Schriften« (Geschichten,

Wander- und Reise-Notizen) stets mehr berührt als seine anderen Werke.

### Was bedeutet er Ihnen heute?
Hesse gehört für mich (zusammen mit einigen wenigen anderen wie etwa Faulkner, Synge, Rulfo oder der späte Dürrenmatt) zu jenen großen Autoren, die immer größer werden.

### JOSEPH P. STRELKA
Professor für Deutsch und vergleichende Literaturwissenschaft an der Staats-Universität von New York in Albany/USA

### Wann kamen Sie zum ersten Mal mit Hermann Hesse in Berührung?
Meine Mutter besaß eine Reihe von Hesse-Bänden und war eine große Hesse-Liebhaberin. Sie hat mir seine Bücher geschenkt und hat ihre Liebe für ihn auf mich übertragen, als ich noch ein fünfzehnjähriger Gymnasiast war.

### Welche Bedeutung hatte sein Werk für Sie?
Durch Hesses Werk wurde ich mit Nachdruck auf die Möglichkeit und Wünschbarkeit eigenständigen und unabhängigen Denkens, auf ernsthafte und bleibende Kriterien für Literatur und Kultur überhaupt, auf wesentliche Grundideen zumal esoterischer Strömungen in den großen Weltreligionen, vor allem auch des Ostens und besonders auf das universal menschliche Ziel der Selbstverwirklichung verwiesen.

### Was bedeutet er Ihnen heute?
Auch wenn die Hesse-Mode vor allem hier in den USA – die ohnehin großteils auf Mißverständnissen beruhte – inzwischen vorüber ist, so ist Hesse für

mich heute doch aktueller denn je, weil nötiger denn je. Sein humanistisches Auftreten gegen jeden Totalitarismus von rechts wie von links, seine Analyse der vielfältigen Formen des Kulturverfalls, der Modetorheiten und des Massenwahns unserer Zeit, wie er sie besonders im »Glasperlenspiel« in bestürzend scharfsichtiger Weise beschrieben hat, können wie eh und je als Trost, Halt und Wegweiser für jeden anständigen Menschen dienen. Es gibt für mich auch heute, ein Menschenalter nach Hesses Tod, wenig, was sich an dichterischer wie an menschlicher Bedeutung seinem Werk an die Seite stellen ließe.

### DR. HARALD SZEEMANN
Internationaler Ausstellungsmacher, Tegna/Schweiz

### Wann kamen Sie zum ersten Mal mit Hermann Hesse in Berührung?
Seit der Lektüre nach der Schule, als Gymnasiast Ende der vierziger, Anfang der fünfziger Jahre.

### Welche Bedeutung hatte sein Werk für Sie?
Er war und hatte Antwort auf noch ungelebte Wünsche.

### Was bedeutet er Ihnen heute?
Eine Literatur, die ich stets wieder lese, wenn ich mich mit dem Monte Verità beschäftige, dem Hügel der Utopien.

### TRUDE UNRUH
Gründerin des Senioren-Schutz-Bundes e.V. »Graue Panther«

### Wann kamen Sie zum ersten Mal mit Hermann Hesse in Berührung?
In meiner Schulzeit las ich »Narziß und Goldmund« und war fasziniert von dem Reichtum menschlicher Eigenschaften. So wurde auch Hermann Hesse für mich und meinen Lebensweg sehr wichtig, den Menschen in meiner Arbeit in den Mittelpunkt zu stellen.

### Welche Bedeutung hatte sein Werk für Sie?
Bei der Lektüre des »Glasperlenspiels« machte mir die Gestalt des Magisters Ludi Knecht besonderen Eindruck. Meine Lebensphilosophie, von einem anderen Menschen nie mehr zu fordern, als ich selber zu leisten in der Lage bin, hat sehr viel mit dem alten Magister zu tun.

### Was bedeutet er Ihnen heute?
Ein Freund, der die Kraft hatte, gegen den Strom der Zeit zu schwimmen. Der Einbahnstraßen genauso verurteilte, wie ich es heute in der Altenpolitik tue. Aus seinem Gedicht »Stufen« ist mir der Vierzeiler sehr oft im Kopf: »Nur wer bereit zu Aufbruch ist und Reise, mag lähmender Gewöhnung sich entraffen.«

### DR. SIEGFRIED UNSELD
Verleger, Frankfurt am Main

### Wann kamen Sie zum ersten Mal mit Hermann Hesse in Berührung?
Im Frühjahr 1946 gab mir ein alter Lehrer, Prof. Eugen Zeller, zwei Bücher von Hermann Hesse zum

Lesen: »Siddhartha« und »Der Steppenwolf«.

**Welche Bedeutung hatte sein Werk für Sie?**
Die Lektüre dieser beiden Bücher wurde für mich in dieser deutschen Stunde Null richtungsweisend: »Werde, der du bist«.

**Was bedeutet er Ihnen heute?**
Auch heute hat das Werk für mich große Bedeutung: es stärkt meine Identität und zeigt für mich Möglichkeiten, aber auch Grenzen auf.

## WERNER VEIGEL
Ehem. Chefsprecher der »Tagesschau« des Ersten deutschen Fernsehens, Hamburg

**Wann kamen Sie zum ersten Mal mit Hermann Hesse in Berührung?**
Schon während meiner Schulzeit habe ich »Demian«, den »Steppenwolf« und »Narziß und Goldmund« verschlungen. Später, als es auch in Deutschland erscheinen durfte, las ich begeistert Hesses Alterswerk »Das Glasperlenspiel«.

**Welche Bedeutung hatte sein Werk für Sie?**
Bei Hesse hat mich einerseits die schlichte, poetische, zugleich aber eindringliche Sprache fasziniert, andererseits die Suche nach Selbstverwirklichung des Menschen als Gegenpol zu den Zwängen der Welt, die sich durch sein ganzes Werk zieht. Dieses Thema ist es wohl vor allem, das junge Menschen anspricht.

**Was bedeutet er Ihnen heute?**
Mit Interesse habe ich die Hesse-Renaissance in den sechziger Jahren verfolgt. Heute begegnet mir der Dichter bei meiner gegenwärtigen Lektüre, den Tagebüchern Thomas Manns und Kempowskis »Echolot«. Bertoluccis Film »Der kleine Buddha« veranlaßte mich, einmal wieder zu »Siddhartha« zu greifen, und wie einst war ich beeindruckt von der Schönheit der Sprache und der Klarheit der Konzeption.

## DR. MARLIES VOSER-HUBER
Präsidentin des Kantonsrates Zürich

**Wann kamen Sie zum ersten Mal mit Hermann Hesse in Berührung?**
Aufgewachsen auf einem kleinen Bauernhof der voralpinen Hügelzone, waren Tiere und Pflanzen die selbstverständlichen alltäglichen Begleitwesen. Sommervögel haben mein besonderes Interesse geweckt. Schon früh muß ich auf Hesses Gedicht »Blauer Schmetterling« gestoßen sein: Vielleicht entdeckte ich es in einem Schulbuch, vielleicht auf einem Kalenderblatt.

**Welche Bedeutung hatte sein Werk für Sie?**
Später habe ich die umfangreichen, bekannten Werke gelesen, weil ich alles verschlungen habe, was in der Dorfbibliothek zu bekommen war. Dem naturkundlichen Hesse bin ich als Zoologiestudentin beim Biologen Adolf Portmann wiederbegegnet. Hesse bedeutet mir viel als einer, der die Natur beobachtete, betrachtete, kannte und liebte und sich von ihr inspirieren ließ.

**Was bedeutet er Ihnen heute?**
Wenn ich einen Bläuling sehe, denke ich neidvoll an Hesse. Für ihn waren die Sommervögel noch alltägliche Wirklichkeit. Heute stehen sie als Symbol für den Verlust der Natur, das Verschwinden der Arten, und damit der vielfältigen Wirklichkeit des Lebens. Virtual reality, die vom Menschen hergestellte Welt, ist für mich kein Ersatz für die verloren gegangene reale Welt. Die Bändchen »Bäume« und »Schmetterlinge« (insel-Taschenbücher) befinden sich stets in meiner Griffnähe, sie begleiten mich bei meiner Arbeit als Politikerin, sie kommen mit auf Reisen und in die Ferien.

## PROF. DR. MASARU WATANABE
Professor für deutsche Literatur an der Saitama University in Japan

**Wann kamen Sie zum ersten Mal mit Hermann Hesse in Berührung?**
Der Führer zur Hesseschen Welt war für mich ein Student, der sich einmal im Hörsaal unserer Universität neben mich setzte. Er empfahl mir vor allem »Siddhartha« und »Demian«. Damals spielte er die Rolle meines Demian.

**Welche Bedeutung hatte sein Werk für Sie?**
In »Siddhartha« bewunderte ich das tiefe Verständnis eines westlichen Autors für östliche Gedanken und Weisheit. »Demian« wurde ein entscheidendes literarisches Jugenderlebnis für mich. Durch die Lektüre der beiden Bücher wurde ich angeregt, Hesses Werk weiter zu lesen. Man konnte in den Personen seiner Erzählungen sich selbst wiedererkennen. Ich kannte nur wenige Bücher, die eine Beziehung zur Natur so frisch und gemütvoll darstellen wie »Peter Camenzind«. Von »Narziß und Goldmund« und dann vom »Steppenwolf« wurde ich

zur Buntheit und Vielfalt des Lebens geführt und zugleich dazu ermutigt, mich selbst in eigenen Verwandlungen zu verwirklichen. Ich blickte mit Hesse in den Abgrund des Daseins und schöpfte doch aus seinem Werk Zuspruch und Zuversicht. Später ist mir die Berührung mit der heiteren und tapfer-frommen Welt der humanistischen Geistigkeit im »Glasperlenspiel« ein unvergeßliches Erlebnis geworden.

### Was bedeutet er Ihnen heute?
Hesses Werk provoziert immer noch, mich fruchtbar mit mir selbst und mit der Zeit auseinanderzusetzen. Er ist für mich nicht nur ein Repräsentant der Moderne, der die deutsch-romantische Tradition bewahrte und die klassisch-humanistischen Werte Europas verteidigte, sondern auch ein verständnisvoller Vermittler zwischen West und Ost. Im Moment beschäftige ich mich mit den Briefen von Hesse, in denen Formeln des Lebens und gleichzeitig die Dokumente seiner Zeit enthalten sind.

### PROF. DR. WERNER WEBER
Ehem. Feuilletonredakteur der Neuen Zürcher Zeitung

### Wann kamen Sie zum ersten Mal mit Hermann Hesse in Berührung?
Im Herbst 1939 während der Kriegsmobilmachung. Einmal, in der Soldatenstube, las ich einen Text von Hesse. Der tat mir gut. Ich schrieb es dem Dichter. Er antwortete dem Soldaten der Füsilier-Kompanie II/62 mit der Gedichtfolge »Kriegerisches Zeitalter« und bemerkte dazu: »Es sind Gelegenheits- und Knittelverse, besserer ist der leidige Gegenstand auch nicht wert.«

### Welche Bedeutung hatte sein Werk für Sie?
Einmal schrieb er mir: »Auch von den nicht Alltäglichen werden die meisten am Ende doch untreu und gehen die bequemeren Wege der Vielen und Uniformierten.« Das gibt zu denken.

### Was bedeutet er Ihnen heute?
Sein Leben, sein Werk: Absagen an Konventionen und Gefälligkeit, Eigensinn – nicht nachzuahmen, als Irritation wichtiger denn je.

### WERNER WEICK
Dokumentarfilmer, Comano/Schweiz

### Wann kamen Sie zum ersten Mal mit Hermann Hesse in Berührung?
Ich lernte Hermann Hesse als junger Mann während einer existentiellen Krise kennen. Ich hatte den Eindruck, einen Freund zu treffen, genauer noch einen geistigen Bruder, mit welchem ich u.a. negative Schulerfahrungen, eine dauernde und vollständige Einsamkeit und das überwältigende Bedürfnis teilte zu wandern.

### Welche Bedeutung hatte sein Werk für Sie?
Ich habe Hesses Werk praktisch ganz gelesen – auf italienisch und deutsch. Er steht für mich am Anfang einer tiefen inneren beruflichen Veränderung. Eine lange Vorbereitung, die von einem Fernsehfilm über Hesse gekrönt war, hat den Stil und den Inhalt meiner Tätigkeit als Dokumentarfilmer verändert.

### Was bedeutet er Ihnen heute?
Hermann Hesse ist ein Orientierungspunkt für alle, welche eine Antwort auf die Grundfragen des Lebens suchen; ein Rettungsanker für viele, die in Einsamkeit ihren Weg zu sich selbst gehen.

### GABRIELE WOHMANN
Schriftstellerin, Darmstadt

### Wann kamen Sie zum ersten Mal mit Hermann Hesse in Berührung?
In der großen Bibliothek meines Vaters machte ich schon als Kind Funde, sah mich bei der Erwachsenenliteratur um – und Hermann Hesse war dabei.

### Welche Bedeutung hatte sein Werk für Sie?
Lieblingsbeispiel – aus der Kindheit und bis heute – »Unterm Rad«: Ich genoß die einzelgängerische Melancholie, den Widerstand gegen alles Mitläuferhafte, die still-unaufwendige Darstellung des Leidens – und heute kommt zum »Genießen« der Respekt vor Hesses Kunstinstinkt und seiner literarischen Leistung.

### Was bedeutet er Ihnen heute?
Die Fortsetzung der oben angedeuteten Qualitäten. Hesse ist konsequent, was ein Schriftsteller (und möglichst nicht nur ein Schriftsteller!) sein sollte: Ein unabhängiger, selbständig Denker, ein Individualist. Schon deshalb tut seine Gesellschaft mir gut.

### PROF. DR. THEODORE ZIOLKOWSKI
Literaturwissenschaftler und Professor, Princeton University, USA

### Wann kamen Sie zum ersten Mal mit Hermann Hesse in Berührung?
Ich kam im Jahr 1951 als Student (und gebürtiger Amerikaner) an der

Duke University (Durham, North Carolina) zum ersten Mal mit Hesse in Berührung und zwar durch die Erzählung »Die Morgenlandfahrt«, die mir als Proseminararbeit zugeteilt wurde. Die Lektüre hat mich so gefesselt – und auch mystifiziert –, daß ich in den nächsten Jahren alles, was mir zugänglich war, gelesen habe. Trotz der damaligen Ablehnung von Hesses Werken unter den meisten amerikanischen Germanisten (er galt ja als »Romantiker« im schlimmsten Sinne des Wortes) fand ich in dem hervorragenden Germanisten Hermann J. Weigand an der Yale University einen anregenden Doktorvater, der meine Dissertation über »Hermann Hesse und Novalis« (Yale University, 1957) zu begleiten bereit war.

## Welche Bedeutung hatte sein Werk für Sie?

Als ich einige Jahre später das erste englischsprachige Buch über Hesse, das sich an ein breiteres Publikum richtete (»The Novels of Hermann Hesse«, Princeton 1965), veröffentlichte, hatte es das Glück, in die Hände der amerikanischen Jugend der sechziger Jahre zu gelangen, die gerade dabei war, Hesse zu entdecken. In den folgenden Jahren war ich dauernd unterwegs mit Vorträgen, in denen ich die naive Begeisterung der jungen Leser an Colleges und Universitäten durch Analyse und Kontext zu unterstützen versuchte. Zur gleichen Zeit habe ich mehrere Bände von Hesses Werken (Erzählungen, Märchen, Essays, autobiographische Schriften usw.) in englischer Übersetzung und mit Einleitung herausgegeben (bei Farrar, Straus & Giroux in New York).

Durch diese bewußte Vermittlungsarbeit habe ich einerseits zu der amerikanischen Hessewelle beigetragen, die ich andererseits in soziliterarischen Aufsätzen wie etwa »Der Heilige Hesse unter den Hippies« kritisch analysierte. Viel von diesen Aufsätzen wurden später (1979) in deutscher Fassung unter dem Titel »Der Schriftsteller Hermann Hesse« als Beispiele der amerikanischen Hesse-Rezeption veröffentlicht. Den neuesten Beitrag zu meiner Hessevermittlung bietet meine amerikanische Ausgabe von Hesses Briefen in Auswahl unter dem Titel »Soul of the Age« (1991).

## Was bedeutet er Ihnen heute?

Ich lese Hesse längst nicht mehr mit der unkritischen Begeisterung des Achtzehnjährigen, aber ich lese ihn immer noch – einerseits mit dem pädagogischen Eifer des amerikanischen Germanisten, der es für seine Aufgabe hält, seinen Mitbürgern Hesses Werke literaturwissenschaftlich zu erschließen, und andererseits mit dem reiferen Verständnis des Komparatisten, der in Aufsätzen und Büchern (etwa »Fictional Transfigurations of Jesus«) versucht, auf die vielen thematischen und strukturellen Zusammenhäge zwischen Hesse und anderen bedeutenden Gestalten der Weltliteratur hinzuweisen.

Ein märchenhafteres Domizil hätte der Dichter wohl kaum finden können, als er im April 1919 als »ein etwas verdächtiger Fremder und abgebrannter kleiner Literat mit Fransen an den Hosen« in die Südschweiz kam, um sich endgültig hier niederzulassen. Erschöpft von den Zerreißproben des Ersten Weltkrieges, den er – verschrieen als Nestbeschmutzer und vaterlandsloser Gesell – in Bern mit dem Aufbau einer Zentrale für Kriegsgefangenenfürsorge verbracht hatte, traf er hier ein. »Wie aus Angstträumen aufgewacht, aus Angstträumen, die Jahre gedauert hatten«, sog er die wiedergewonnene Freiheit ein, die Luft, die Sonne, die Einsamkeit, die Arbeit. Hinter ihm lag eine aufreibende Psychoanalyse, und noch immer führte er unter dem Decknamen Emil Sinclair, den er sich 1917 zugelegt hatte, um den Angriffen der Kriegs-treiber zu entgehen, ein Leben mit doppelter Identität. Auch ihm, der nie Uniform trug, noch an die Front eingezogen wurde, hatte der Krieg alles, was vorher einigermaßen im Lot war, zerstört. Kaum war nach eineinhalbjähriger Psychoanalyse seine eigene Krise durchstanden, da fiel seine Frau im Oktober 1918 in eine so gravierende Gemütskrankheit, daß sie, mit Rückfällen bis ins Jahr 1925, in drei verschiedenen Heilanstalten untergebracht werden mußte. Auf Hesses

Montagnola. - Collina d'Oro

Initiative hin hatte sich der ihm seit der Niederschrift des »Demian« persönlich bekannte Psychoanalytiker C. G. Jung ihrer angenommen, und im Februar 1919 war nach einer Besprechung mit ihrem Arzt in Küsnacht die Entscheidung gefallen, »daß für die Zukunft eine Trennung in der Weise nötig ist, daß meine Frau die Kinder versorgt, ich aber ganz meiner Arbeit lebe, also nicht bei meiner Familie. Jedenfalls werden wir es einmal auf diese Art versuchen. Bei unseren Umständen und dem Befinden meiner Frau ist an Scheidung nicht zu denken. Mir läge daran auch nichts, da ich den Irrtum meiner Ehe nicht bei meiner Frau suche, sondern nur bei mir.« Aber schon bald stellte sich heraus, daß es Mia Hesses Verfassung unmöglich machte, für die sieben-, neun- und dreizehnjährigen Söhne zu

sorgen, die daraufhin bei Freunden und Pflegeeltern in Pension oder in Landerziehungsheimen untergebracht werden mußten. Bis Mitte April 1919, bis zum Abschluß seiner Tätigkeit für die Kriegsgefangenenfürsorge, aber hatte Hesse im verwaisten Berner Haus zu bleiben. Wo er sich künftig niederlassen würde, war zunächst noch offen. Neben dem Tessin dachte er an eine »stille hübsche Dichterwohnung von zwei bis drei Stuben in einem Garten« unweit von Zürich, an eine Klause in den Bergen oder vielleicht an die Rückkehr nach Deutschland. Denn, so schrieb er am 15.3.1919 an Alfred Schlenker: »Seit der Kaiser fort ist und eine anständige Gesinnung kein Landesverrat mehr ist, bin ich ja wieder im Kurs.«

Letztlich aber überwog seine Sympathie für den Süden, waren doch alle seine freiwilligen Reisen, wie er 1924 im »Kurzgefaßten Lebenslauf« schrieb, nach Süden gerichtet, da er die Temperatur seiner Geburtsstunde im Juli unbewußt sein »Leben lang geliebt und gesucht und, wenn sie fehlte, schmerzlich entbehrt« hatte.

*Die Casa Camuzzi um 1910.*
*Bild eines unbekannten Malers.*

Nach Ostern 1919 war er im Tessin eingetroffen, wo er bis zum 10. Mai unweit von Lugano – vermittelt durch seinen Musikerfreund Volkmar Andreä – eine bescheidene Unterkunft über dem Muzzaner See in Sorengo fand. Bis er im drei Kilometer entfernten bergaufwärtsgelegenen Nachbardorf Montagnola die verwunschene Casa Camuzzi entdeckte, vergingen nur vierzehn Tage.

Es war wie im Märchen: Ein Palazzo mit bizarren, verschlungenen Formen, runden und ovalen Fenstern in den Treppengiebeln und grotesken bis fratzenhaften Stukkaturen, eine Miniatur-Residenz, die sich im 18. Jahrhundert einer der Tessiner Baumeister nach seiner Heimkehr aus St. Petersburg von den Honoraren gestaltet hatte, die ihm die Ausstattung der Zarenschlösser einbrachten. In ihrer »verzwickten und launischen Architektur«, vor allem aber in ihrer unverwüstlichen Hinfälligkeit hatte diese »noble Ruine«, wie er sie bald nannte, für ihn etwas Wahlverwandtes. Es sei ein altes, großes und unverwechselbares Haus, »dessen Familie einst reich war und es jetzt nimmer ist«, schrieb er im Januar 1920 an Ludwig Finckh, »so daß nun diverse Leute darin wohnen.« Auch eine Enkelin des Erbauers, die verwitwete Margaritha Camuzzi, mit ihren beiden klavierspielenden Töchtern hausten darin. Und wie eine Fügung stellte es sich heraus, daß im Obergeschoß des Ostflügels vier kleine Stuben leerstanden und, ihres desolaten Zustandes wegen, zu einem Spottpreis zu vermieten waren. Mochte auch der Putz von den Wänden bröckeln und die Tapeten in Fetzen hängen, der Ausblick von diesem »hochgelegenen Vogelnest« war unvergleichlich.

Das größte der Räumchen mit einem barocken Kamin und einer halbrunden Flügeltür, die auf einen kleinen Steinbalkon mündete, gab einen phantastischen Blick auf den steil abfallenden Terrassengarten frei, einem wahren Dschungel von tropischen Gewächsen und Bäumen, deren Kronen die schmiedeeiserne Einfassung überwölbten: Kamelien, Palmen, Feigen, Lianen, Spiräen, Glyzinien, Rhododendren, Magnolien und, damals gerade in voller Blüte, ein mächtiger Judasbaum. Nicht zuletzt dieses Balkönchens wegen hat Hesse sich entschlossen, die Wohnung zu mieten. Denn es ersetzte ihm einen Garten. Die Flügeltür, die er künftig von Mai bis September Tag und Nacht geöffnet hielt, brachte Natur, Licht und Leben in den größten der Räume, der fortan sein Studio werden sollte. Und für das geliebte Sonnenbaden geradezu geschaffen, war eine

*Klingsors Balkon im Ostflügel der Casa Camuzzi. Photo: Helmut Friedewald.*

*Blick von Hesses Haus auf den
Luganer See im Dezember 1954.
Photo: Martin Hesse.*

große verwinkelte Terrasse am anderen Ende der Wohnung, die über eine türmchenbesetzte Steinbrüstung hinweg einen großartigen Blick auf die kastanienbewachsenen Bergpyramiden freigab, welche die Seebucht von Lugano einfassen.

Die vier Stuben selbst waren notdürftig und einfach möbliert, so daß sich Hesse von seinem Berner Hausrat, ausgenommen den stattlichen handgefertigten Schreibtisch aus rustikalem Fichtenholz, seinen liebsten Büchern und einigen Regalen dazu, nichts kommen lassen brauchte. Seine dortige Bibliothek hatte er in den Monaten zuvor schon etwa auf die Hälfte reduziert. Doch waren es immer noch dreiundzwanzig Bücherkisten, die in Pferdefuhrwerken vom Luganeser Bahnhof hinauf nach Montagnola geschafft werden mußten.

Kaum waren diese Dinge verstaut, stürzte er sich in die Arbeit. Sein erstes illustriertes Skizzenbuch »Wanderung«, das die Grenzüberschreitung von Nord nach Süd, die Abkehr von der vita activa zur vita contemplativa und seine Wandlung vom Bürgerlichen zum Vaganten und Abenteurer schildert, hatte Hesse bereits von Sorengo aus seinem Berliner Verleger geschickt.

Nun galt es, dem Doppelleben beizukommen, das er einerseits als der zeitkritische Literat Emil Sinclair – dessen Pseudonym erst ein Jahr später aufgedeckt werden sollte –, andererseits als entwurzelter Familienvater führte.

Harmoniebedürftig wie Hesse gerade in Zeiten abrupter Kurskorrekturen stets gewesen ist, machte ihm das Schicksal derer, die er dabei verletzen und zurücklassen mußte, jedesmal schwer zu schaffen. Waren die Befreiungsversuche in seiner Kindheit und Jugend noch vergleichsweise unschuldig (als Lösung aus der Enge einer pietistischen Bevormundung, die von außen kam), so war seine Ehe und die Kinder, die daraus hervorgingen, eine selbstverantwortete Entscheidung, an deren Scheitern er sich nicht unschuldig fühlen konnte. Nur wenn es ihm gelang, die Unausweichlichkeit seines Verhaltens glaubhaft zu machen, konnte er selbst und vielleicht auch die Angehörigen damit leben. So war es kein Zufall, daß er für die Darstellung der dramatischen Veränderungen, die sich daraus ergaben, die zugespitzte Erzählform der Novelle wählte, die erste und einzige, die er je schrieb. Nicht mehr das Nebeneinander von Hesse und Sinclair, das seine Doppelexistenz im Krieg bestimmt hatte, schlug sich darin nieder, sondern die drückende familiäre Krise, die Gewissensqual eines Schuftes, der seine Familie im Stich gelassen hatte, und eines Künstlers mit fadenscheiniger Legitimation. Die Vorstellung, seine Frau und die gemeinsamen Kinder auf dem Gewissen zu haben und vor dieser Tat geflohen zu sein, ist das Thema der Novelle und wird dort als realer vierfacher Mord geschildert. Begangen hat ihn der Beamte Klein, der sich mit gefälschten Papieren unter dem Decknamen Wagner den Folgen seines Verhaltens zu entziehen sucht.

Daß dies bei einem wirklichen Mörder keinen guten Ausgang nehmen kann, wurde Hesse während der Niederschrift trotz allem Einfühlungsvermögen in »Klein und Wagners« Lage so klar, daß ihm die Arbeit daran wie ein Umgang mit Zyankali vorkam. Er sei, schrieb er nach Beendigung der Novelle an Carl Seelig, krank und halb irrsinnig vor Leid zu sich selbst zurückgekommen und müsse vor allem das, »was ich früher weggelogen oder doch verschwiegen habe, anschauen und anerkennen, alles Chaotische, Wilde, Triebhafte, ›Böse‹ in mir. Ich habe darüber meinen früheren, schönen harmonischen Stil verloren, ich mußte neue Töne suchen, ich mußte mich mit allem Unerlösten und Uralten in mir selber blutig herumschlagen, nicht um es auszurotten, sondern um es zu verstehen, um es zur Spra-

che zu bringen, denn ich glaube längst nicht mehr an Gutes und Böses, sondern ich glaube, daß alles gut ist, auch das, was wir Verbrechen, Schmutz und Grauen heißen. Dostojewski hat das auch gewußt. Je weniger wir uns vor unserer eigenen Phantasie scheuen, die im Wachen und Traum uns zu Verbrechern und Tieren macht, desto kleiner ist die Gefahr, daß wir in der Tat und Wirklichkeit an diesem Bösen zugrunde gehen.«

Friedrich Klein, alias Wagner, ist daran gescheitert. Sein Erfinder überlebte dank der »Übertragung seines Leidens in diesen Spiegel«; und die Bilanz, die er daraufhin in einem Brief vom 31.8.1919 an Georg Reinhart zog, hat etwas vom Erwachen aus einem Alptraum: »Aber ein Gutes, einen großen Segen haben solche Zeiten, wie ich sie seit Monaten durchlebe: eine Glut und Konzentration der künstlerischen Arbeit, die

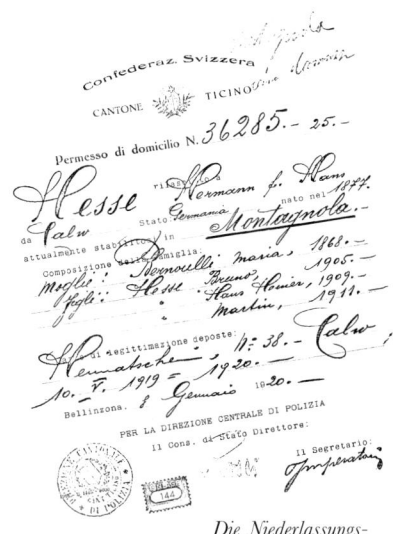

*Die Niederlassungs-*
*bewilligung im Kanton Tessin.*

man im Wohlsein nie erreicht. Mit dem Gefühl, im Kern seiner Existenz brüchig zu sein und nicht mehr mit langer Dauer rechnen zu dürfen, nimmt man seine Kraft zusammen wie ein alter Baum, der vor dem Umbrechen noch einmal Laub treiben und sich in Samen verewigen will. Ich habe hier viel und gut gearbeitet und habe noch Mehreres vor, wichtige und zum Teil aufregende Dinge, wenigstens für mich. Ich habe die Sünden mancher früherer Jahre, in denen es mir zu gut ging, abgebüßt und versucht, im Geistigen und Künstlerischen den Schiffbruch wieder auszugleichen, den ich im persönlichen und bürgerlichen Leben erlitt.«

Im Mai 1919 hatte der damals 25jährige Jurastudent und Journalist Carl Seelig Hesse gebeten, ihm für seine geplante Publikationsreihe »Die zwölf Bücher« eine Monographie über den Maler Vincent van Gogh zu schreiben. Dieser Vorschlag war nicht aus der Luft gegriffen. Hatte sich Hesse doch seit seiner nun zwei Jahre zurückliegenden Psychoanalyse in Luzern mit ähnlich autodidaktischer Besessenheit der Malerei zugewandt und Carl Seelig an seinen bildnerischen Fortschritten teilhaben lassen. Denn als vermögender Erbe eines Zürcher Seidenfabrikanten war dieser literaturbegeisterte junge Mann einer der ersten, die Hesses Kriegsgefangenenfürsorge durch den Kauf seiner frühen Pastelle, Zeichnungen und illustrierten Gedichthandschriften unterstützte. Diese Bilder mochten Carl Seelig auf den Gedanken gebracht haben, daß der entlaufene Theologensohn Hesse im Pfarrerssohn van Gogh, der sich auf ähnlichen Umwegen aus vergleichbaren Bindungen zu lösen hatte, etwas Wahlverwandtes erkennen mußte. Und tatsächlich winkte Hesse, der sonst alle thematischen Anregungen von außen strikt von sich wies, diesmal nicht grundsätzlich ab. In seiner Antwort vom 26.5.1919 heißt es: »Ob ich etwas über ihn schreiben kann, ist mir noch nicht klar, auch sollte ich wissen, ob es erlaubt ist, einzelne Briefe oder größere Stücke [aus den erstmals ins Deutsche übersetzten Briefeditionen, die 1911 und 1914 im Berliner Cassirer Verlag erschienen waren] abzudrucken. Wenn ich etwas schreiben würde, wäre es eine Art Einführung für die Jugend, ganz naiv, wobei van Goghs Malerei gar nicht technisch und ästhetisch gewürdigt würde, sondern nur sein Charakter und seine Leidenschaft für das Malen in ihrer heiligen Besessenheit.«

Wir wissen, daß dieses Buch nicht zustande gekommen ist. Auch Max Picard, den Seelig ein Jahr später darum bat, die van Gogh-Monographie zu schreiben, mußte ihn enttäuschen. Stattdessen gab ihm Hesse für die Reihe der »Zwölf Bücher« ein Bändchen mit Kurzprosa, das im August 1919 unter dem Titel »Kleiner Garten – Erlebnisse und Dichtungen« in einer limitierten Auflage von tausend Exemplaren erschien.

Das Thema van Gogh war aber damit für Hesse keineswegs vom Tisch. Zu vieles verband ihn mit diesem Maler, den er als »seltsamen Vagabunden und Dulder« bezeichnet, der »aus übergroßer Liebe zu den Menschen einsam und aus übergroßer Vernunft wahnsinnig wurde«. In einer

neuen, Mitte Juli 1919 gleich nach der Befreiung von der »Klein und Wagner«-Beklemmung in Angriff genommenen Erzählung »Klingsors letzter Sommer« ist er zugegen und dies vielleicht auf vitalere Weise, als es in einer Monographie möglich gewesen wäre. Denn die Parallelen zwischen van Goghs Neubeginn in Arles und demje-

*Die Vorderfront der Casa Camuzzi in Montagnola.*

nigen Hesses im Tessin waren frappant. Was für den Holländer der erlösende Kontrast zwischen dem nebligen Norden seiner Herkunft und dem mediterranen Licht der Provence, das war für Hesse der soeben vollzogene Standortwechsel aus den Ballungszentren jenseits der Alpen in die damals noch bukolische Unschuld der Südschweiz. Seit er dort eingetroffen und in der Casa Camuzzi Quartier bezogen hatte, überfiel den Maler in ihm ein Schaffensrausch ohnegleichen. »Ein Sommer von einer Kraft und Glut, einer Lockung und Strahlung«, wie er nur wenige erlebt hatte, forderte dazu heraus und durchdrang ihn wie ein »starker Wein«. »Die glühenden Tage

wanderte ich durch die Dörfer und Kastanienwälder, saß auf dem Klappstühlchen und versuchte mit Wasserfarben etwas von dem flutenden Zauber aufzubewahren; die warmen Nächte saß ich bis zu später Stunde in Klingsors Schlößchen und versuchte etwas erfahrener und besonnener, als ich es mit dem Pinsel konnte, mit Worten das Lied dieses unerhörten Sommers zu singen. So entstand die Erzählung vom Maler Klingsor.«

Wer die Briefe Vincent van Goghs nach seiner Ankunft in Arles mit denjenigen Hesses aus seinen ersten Sommern in Montagnola vergleicht, wird überrascht sein von den vielen Entsprechungen. Beide sind berauscht von den Farben des Südens. Einen neuen Elan und eine bisher nicht gekannte Lebenslust weckt diese sonnendurchglühte Welt. »Mein Gott, hätte ich doch schon mit fünfundzwanzig Jahren dieses Land gekannt, statt nun mit fünfunddreißig hierherzukommen. Ich arbeite jeden Morgen vom Sonnenaufgang an, denn die Blumen welken schnell und es ist notwendig, das Ganze in einem Zug zu malen. Ich arbeite mit der Klarheit und Blindheit eines Liebenden, denn diese farbige Umgebung ist ganz neu«, heißt es in van Goghs Briefen, und wie bei ihm sind auch bei Hesse die handwerklichen Fortschritte vergleichbar rapid: die Aufhellung und zunehmende Farbigkeit der Palette, der Verzicht auf vorsichtige Mischtöne zugunsten einer immer kühneren Verwendung der Grundfarben. Auch Hesse vermeidet nun alles, was deren reine Leuchtkraft vermindern könnte, die Zwischenwerte, das Helldunkel, den Lokalton und jede zerfasernde Auflösung der Formen. Alles Nebensächliche wird eliminiert, das Entscheidende aber durch deutliche Abgrenzung der Konturen hervorgehoben, um vor allem die Farben zur Geltung zu bringen. Seine Bilder zeigen nur das, was er beim Anblick der Dinge empfindet, so glückte es ihm, das Charakteristische des Landes zu erfassen, seine Strukturen und Kraftlinien herauszuarbeiten, um aus dem Zufälligen und Vergänglichen das Wesentliche herauszuschälen. Denn es ist ein Dichter, der hier malt, und ein Maler, der dichtet. Wer seine Bilder als Dichtungen in Farben auffaßt, versteht sie vielleicht am besten. Durch die Wirklichkeit des Sichtbaren stößt er dabei zu einer idealen Wirklichkeit vor, an die zu erinnern stets auch das Ziel seiner poetischen Arbeiten ist. Nicht umsonst heißt es in seinem Gedicht »Malerfreude«: »In meinen Augen wohnt eine andere Ordnung aller Dinge… Geist regiert, der alles Kranke heilt/Grün klingt auf aus neugeborner Quelle./Neu und sinnvoll wird die Welt verteilt/und im Herzen wird es froh und helle.«

*»Ich war jetzt ein kleiner abgebrannter Literat.«*
*Photo: Martin Hesse.*

Das alles trifft in noch vitalerer Weise auf die Bilder van Goghs zu. Doch was Hesses autodidaktischer Malerei an thematischer Breite, Intensität und souveräner Beherrschung des Handwerklichen noch fehlt, gelingt ihm dafür im Sprachlichen. So liest sich die Klingsor-Erzählung, insbesondere das Selbstbildnis-Kapitel, auf das sie sich zuspitzt und worin sie gipfelt, wie ein van Gogh-Portrait in Worten. Alle Leidenschaftlichkeit und Besessenheit, alles, was dieser von seinen Visionen gejagte, ekstatische Maler an Zukünftigem vorweggenommen hat, ist darin enthalten: »der müde, gierige, wilde, kindliche und raffinierte Mensch unserer späten Zeit, der sterbende, sterbenwollende Europamensch: von jeder Sehnsucht verfeinert, von jedem Laster krank, vom Wissen um seinen Untergang enthusiastisch beseelt, zu jedem Fortschritt bereit, zu jedem Rückschritt reif, ganz Glut und auch ganz Müdigkeit, dem

Schicksal und dem Schmerz ergeben, wie der Morphinist dem Gift, vereinsamt ausgehöhlt, uralt, Faust zugleich und Karamasoff, Tier und Weiser, ganz entblößt, ganz ohne Ehrgeiz, ganz nackt, voll von Kinderangst vor dem Tode und voll von müder Bereitschaft, ihn zu sterben.«

Für Hesses Verleger war dieses expressionistische Malerselbstportrait »sicher eine der schönsten Novellen, die seit vielen Jahren entstanden ist, und wenn sie als expressionistisch bezeichnet werden soll, die erste, die mir den Expressionismus deutlich gemacht, ihn über das Programm hinaus zur Erfüllung gebracht hat«, vermerkt S. Fischer in einem Brief an Hesse vom Oktober 1919. Damit fand der Expressionismus, dem van Gogh drei Jahrzehnte zuvor den Weg bereitet hatte und der in Deutschland von den Malern der »Brücke« und des »Blauen Reiter« weiterentwickelt wurde, in Hesses Erzählung vom Farbenzauberer Klingsor und seiner aquarellistischen Entdeckung der Tessiner Landschaft eine neue Provinz.

Mit den Schweizer Vertretern dieser avantgardistischen Künstlervereinigungen, Cuno Amiet (»Die Brücke«) und Louis Moilliet (»Der Blaue Reiter«), war der Dichter befreundet.

*Der Dichter beim Aquarellieren. Federzeichnung von Gunter Böhmer.*

Moilliet spielt als »Louis der Grausame« in der Klingsor-Erzählung eine wichtige Rolle. Er, der 1914 mit Paul Klee und August Macke, die kunstgeschichtlich so folgenreiche Tunisreise unternommen hatte, war ein häufiger Gast in der Casa Camuzzi.

Aber auch ganz andere Kollegen besuchten Hesse dort schon in seinem ersten Tessiner Sommer: der junge Maler Jean Lurçat (1892-1966), ein Vorläufer des poetischen Surrealismus in Frankreich, der mit Hesse, Rilke und René Schickele eine Kulturzeitschrift zur deutsch-französischen Völkerversöhnung plante und dessen Zürcher Ausstellung in der Galerie Bernheim Hesse mit einem Bericht (NZZ vom 16.12.1919) einführte und für den Katalog sogar Lurçats Geleitwort übersetzte. Es kamen die Maler Karl Hofer und Fritz Widmann, die Komponisten Hans Huber und Volkmar Andreä, für den Hesse 1915 das Libretto zu einer Oper »Romeo« geschrieben hatte. Und es kam die ebenso attraktive wie gescheite 3ljährige Schriftstellerin und Juristin Elisabeth Rupp (1888-1972) aus Ravensburg, deren poetischen Bericht »Aus der Kindheit« Hesse 1919 in sein »Alemannenbuch« aufgenommen hatte. Ihre kleine Prosadichtung »Malén und Eobar« über die »unbegreiflich schöne Zeit«, die sie im August und September 1919 als Hesses Geliebte in der Casa Camuzzi verlebt hatte, sollte 1922 gleichfalls auf dessen Empfehlung im Berner Seldwyla Verlag erscheinen.

Nicht auszudenken, welchen Verlauf Hesses künftiges Schicksal genommen hätte, wenn diese eigenständige junge Frau (die nach ihrer Dissertation über »Das Recht auf den eigenen Tod« in einem Berliner Sozialhilfever-

band beschäftigt war und nach ihrer Episode mit Hesse auf eine Hacienda in Argentinien auswanderte, einen Schiffsoffizier heiratete und erneut mit einer Arbeit – über die Indianer Chiles – zur Völkerkundlerin promovierte) seinen Wunsch nach einer ungebundenen Beziehung nicht respektiert und ihn wie seine erste und die späteren Frauen zur Ehe gedrängt hätte.

Nach dem Fegefeuer einer 15jährigen Künstlerehe und seinen mißglückten Versuchen zur Bürgerlichkeit stand für Hesse fest, daß es von nun an bei solch ungebundenen Partnerbeziehungen bleiben sollte. Damit kam eine neue Aufgeschlossenheit für das andere Geschlecht zum Durchbruch, die um der Kreativität und Steigerung des Lebensgefühls willen jede Fixierung und Dauer vermied. »Ich diene einem Gott«, schrieb er damals, »der eifersüchtig ist wie Jehova und keine anderen Götter neben sich duldet.«

Seit jeher waren ihm die Vagabunden wahlverwandt. Von ihnen heißt es in seinem Reiseskizzenbuch »Wanderung«: »Wir lösen die Liebe vom Gegenstand, die Liebe selbst ist uns genug, ebenso wie wir im Wandern nicht das Ziel suchen, sondern den Genuß des Wanderns selbst, das Unterwegssein. Junge Frau mit dem frischen Gesicht, ich will deinen Namen nicht wissen. Meine Liebe zu dir will ich nicht hegen und

mästen. Du bist nicht das Ziel meiner Liebe, sondern ihr Antrieb. Du machst, daß ich in die Welt verliebt bin.« Auch mit der damals 22jährigen Ruth Wenger sollte es so sein. Aber ließ sich das auf die Dauer durchhalten?

Am 24.7.1919 hatte er sie bei einer Wanderung in das gegenüberliegende Bergdorf Carona kennengelernt und diese Begegnung im Kapitel »Kareno-Tag« der Klingsor-Erzählung beschrieben. Seine Freunde, der Bildhauer Paolo Osswald, der Locarneser Arzt Hermann Bodmer und deren Frauen, die Malerinnen Margherita Osswald und Anny Bodmer waren mit der Schweizer Schriftstellerin Lisa Wenger bekannt,

*Mit Ruth Wenger 1920
auf dem Balkon des
Papageienhauses in Carona.*

deren Mann, ein studierter Theologe und Stahlwarenfabrikant aus Delémont, kurz zuvor die Casa Constanza, ein zauberhaftes altes Haus in Carona, als Sommersitz erworben hatte. Hier war Hesse von nun an häufig zu Gast. Denn seit

1920 war aus einer zunächst lockeren Freundschaft zu ihrer jüngeren Tochter Ruth eine intime Beziehung geworden, die wohl intensivste seines Lebens, und die bezeichnenderweise erst ab dem Augenblick erstickte, als sie auf Drängen von Ruths Vater in eine von Hesse erst nach langem Zögern akzeptierte neue Ehe münden mußte. Doch bis diese im Januar 1924 geschlossen wurde, trug sein Verhältnis zu Ruth dazu bei, die Jahre in der Casa Camuzzi so intensiv und produktiv zu gestalten wie wenige seiner früheren Schaffensperioden.

Eine neue Zeitschrift wurde konzipiert und begann seit Oktober 1919 zu erscheinen. Sie wandte sich an die junge Generation und an die aus Krieg und Gefangenschaft heimgekehrten Landsleute. Galt es doch, die noch plastische Phase der Desillusionierung zu nutzen, um aufzuräumen mit den Götzen des Imperialismus und einen selbstkritischen Neubeginn zu ermöglichen. In dieser in Leipzig gedruckten Monatsschrift, die von ihren Herausgebern Hesse und Richard Woltereck »Vivos voco« (Ich rufe die Überlebenden) genannt wurde, wendet er sich in Leitartikeln und unzähligen Buchbesprechungen gegen die Verdrängung der Kriegsschuld, den beginnenden Antisemitismus, um stattdessen alle Brückenschläge der Verständigung mit den ehemaligen Feinden und eine Reform des Schulwesens herbeizuführen.

Der konstruktiven Bewältigung des Kriegstraumas galt auch das Essaybändchen »Blick ins Chaos« (1920),

*Blick durch das Portal der Casa Camuzzi auf den Terrassengarten.*

das Hesse einen Brief und den Besuch des englischen Dramatikers T. S. Eliot eintrug, der »darin eine Ernsthaftigkeit der Auseinandersetzung« fand, »die noch nicht bis nach England vorgedrungen ist«. Und weil er »gern etwas für ihre breitere Beachtung tun würde«, ist 1923 unter dem Titel »In Sight of Chaos« eine englischsprachige Ausgabe des Bändchens erschienen.

Neben diesen Bemühungen um kulturpolitische Kurskorrekturen beginnt Hesse seit Ende 1919 mit den Vorarbeiten zu einem seiner schönsten Bücher, der indischen Legende »Siddhartha«. Sie brachte neben wiederholten Besuchen von Romain Rolland auch den jungen Hindu Kalidas Nag aus Calcutta, einen Schüler und

Freund Tagores und Professor für asiatische Geschichte, nach Montagnola, der es nicht fassen konnte, daß ein europäischer Autor buddhistisches und hinduistisches Lebensgefühl so authentisch zu vermitteln verstand, weil »ihm das östliche Denken nicht bloß ein Gegenstand intellektueller Neugierde, sondern so vertraut ist, daß er produktiv darin lebe und atme«.

Wie trafen sie und die zahllosen anderen Besucher, die Hesse in seinem entlegenen Versteck aufstöberten, den Dichter dort an? Das Ambiente jedenfalls war alles andere als das eines Großschriftstellers, wie es der auf alle erfolgreicheren Kollegen eifersüchtige Robert Musil auch Hesse unterstellte. »Er hat sich jetzt losgelöst«, vermerkt Romain Rolland in einer Tagebuchnotiz vom September 1920, »von fast allem, was dem Leben eines modernen Menschen Wert gibt, vom Wohlsein und von der Beteiligung am Kulturbetrieb.«

Wer Hesse besuchen wollte, hatte damit schon einige Mühe. Selbst wer bis zur Casa Camuzzi vorgedrungen war, fand dort weder Namensschild noch Klingel, die auf den Bewohner hingewiesen hätten. Wer dann noch nicht aufgab, war auf fremde Hilfe angewiesen. Der Leipziger Kulturredakteur Heinrich Wiegand hat es beschrieben. Ein Kind aus dem Dorf wies ihm den Weg: »Ein italienischer Name stand links an der hölzernen Tür, ›eine Treppe hoch‹ sagte das

Mädchen und ging. Ich stieg gewundene Steinstufen empor. Neben der zweiteilig primitiven Holztür ein handgemaltes Täfelchen:

> Hermann Hesse
> Aquarelle aus dem Tessin
> Schriftstücke

Ein Kleiderständer neben der Tür. Ich klopfe, Schritte und ›Herein‹. Ich öffne die Tür, und er kommt auf mich zu: mittelgroß, dunkelbraun und rot, mit Brille, starkem bloßem Hals, gelbem Basthemd und Flanellhose mit Gürtel, in Filzschuhen und derben Strümpfen. Im nicht sehr hohen Zimmer mit drei Türen steht ein langer ungedeckter Tisch, Regale an den Wänden, bis oben mit Büchern angefüllt, Bilder über Bilder, viel eigene Aquarelle. Dies ist sein Eßzimmer und Magazin. Wir gehen durch die wenig stabile Tür in sein Wohn- und Arbeitszimmer. Es ist heller, geräumiger. Der Schreibtisch, Regal über und an Regal, Versuch zu einer Kartothek, Bild an Bild, Zeichnungen angezweckt, gerahmt und ungerahmt, eigene, fremde, ein Tisch mit Manuskripten, eine Smith-Schreibmaschine, Stühle, viele Kissen aller Arten, ein Sofa mit einem weiteren Tisch. Man sieht: Wildnis, schöne Wildnis. Bücherstöße auf der Erde. Ein Regal mit eigenen Werken, Bildermappen, eine Tür zum Balkon.

Ich sitze auf dem Sofa, er gegenüber im bequemen Stuhl. Gradliniges Gesicht, scharfer Nasenrücken, doch kräftig große Nase, schmaler Mund, dunkelbraunes Haar ohne Frisur, vorn quergekämmt, am Wirbel etwas gelichtet. Feine Hände mit bestimmten Bewegungen, kleine Verdickungen der Gicht. Ein zugleich kühnes und resigniertes Gesicht, energisch und gütig. Glatt rasiert, Langschädel. Das Erstaunlichste: die Augen. Wenig Weiß, viel Iris, eine Fülle heller Bläue. Ein durchdringender gefüllter Blick. Erstaunlich darum, weil Hesse kurzsichtig ist, augenleidend. Aber auch wenn er die Brille abnimmt, ist es nicht der Blick eines Kurzsichtigen, sondern ein fester, strahlender.«

Es lohnt sich, diese Schilderung im Sammelband »Hermann Hesse in Augenzeugenberichten« nachzulesen, auch der dort überlieferten Gespräche wegen, die einen absolut unprätentiösen Lebensstil überliefern. In seiner Betrachtung »Spaziergang im Zimmer« hat auch der Dichter selbst die neue Junggesellenbehausung beschrieben. Es werde hier nur provisorisch gelebt und nicht richtig gewohnt. Kein Kühlschrank, weder Bad noch warmes Wasser, überhaupt eine unzuverlässige Wasserversorgung im Hochsommer. Der Polsterstuhl am Schreibtisch sei durchgesessen, Berge von Büchern, Briefen, Verpackungsmaterial und Bildermappen, angefüllt mit der Ernte seiner vormittäglichen Malerstreifzüge auf den roten Ziegelfliesen des Fußbodens, Zigarrenkisten, Flaschen, Leim, Zeichentinte und Pinselbehälter auf grob gezimmerten Regalen und Fensterbänken. An den Wänden, auch in Küche und Schlafzimmer, teils in klei-

*Der Packtisch
in Hesses Atelier.
Photo: Isa Hesse.*

nen Goldrahmen, teils zu häufigem Wechsel provisorisch mit Reißzwecken befestigt, hingen seine Aquarelle, die ihn umgaben wie eigene Träume. »Alles ist voll und wird immer voller, nirgends ist Platz! Die Wände habe ich längst vollgemalt. Die Bücherschäfte krachen und hängen schief, so sehr sind sie mit doppelten Bücherreihen überlastet. Und immer kommen neue dazu, immer wieder liegt mein Studierzimmer voll von Paketen. Vorsichtig und langbeinig muß ich zwischen ihnen meinen Weg suchen«, notiert er in seiner Buchbesprechung »Rückkehr aufs Land«. Die Verleger schickten ihm ihre Produktion stapelweise, denn er müsse als »stellvertretender Leser für Millionen funktionieren«, was nicht übertrieben ist, angesichts der etwa dreitausend Buchbesprechungen, die man ihm abverlangte.

Die zwei Zimmer, in die Hesse ihn 1923 geführt habe, schreibt sein Zürcher Kollege Emil Schibli, »waren klein und vollgestopft mit Büchern, richtige Poetenstuben, die bis in die entferntesten Winkel von ihrem Bewohner geprägt wurden.« Über diese wohlorganisierte Unordnung erstaunt, äußert sich auch der verwöhntere Schweizer Journalist Manuel Gasser. Der Raum, worin Hesse ihn empfangen habe, sei »offensichtlich ohne Sinn für Repräsentation« eingerichtet: »So wenig mich das Innere des Arbeitszimmers ansprach, umso mehr entzückte mich der Blick vom Balkönchen. Es ging senkrecht hinunter in grüne Abgründe, in eine wuchernde Wildnis aus Nadelholz, Gebüsch und Geranke und schweifte dann hinüber zu den kulissenhaft gestaffelten Zuckerhutbergen um den Luganer See. Es

war die Szenerie aus »Klingsors letzter Sommer«, sie hatte etwas Aufgewühltes und Aufwühlendes und war das vollkommene Pendant zu Hesses Expressionismus der frühen zwanziger Jahre.«

Wenn Expressionismus Ausdruckswille bedeutet, dann wären die vier chaotisch anmutenden Stuben ein Kraftwerk auf kleinstem Raum, so unübersichtlich wie für den Laien das Masten-, Generatoren- und Transformatorengewirr eines Umspannwerkes. Denn alles darin war einzig auf die Arbeit abgestimmt: das Malen, Lesen und Schreiben. Hunderte von Aquarellen, Gedichten, Betrachtungen, Buchbesprechungen und Erzählungen sind hier entstanden, ganz zu schweigen von Büchern wie »Siddhartha«, »Der Steppenwolf«, »Kurgast«, die »Nürnberger Reise«, »Narziß und

Goldmund«. Sie alle stehen in trotziger Eindringlichkeit den Strömungen der Zeitgeschichte entgegen: »Ich sehe die Welt da unten und denke: du kannst mir gestohlen werden. Ich habe kein Glück in dieser Welt gehabt, ich habe nicht gut zu ihr gepaßt, und sie hat mir meine Abneigung reich erwidert und vergolten. Aber umgebracht hat sie mich nicht. Ich lebe noch, ich habe ihr Trotz geboten und habe mich gehalten, und wenn ich auch kein erfolgreicher Fabrikant oder Boxer oder Filmstar geworden bin, so bin ich doch das geworden, was zu werden ich mir als Knabe von zwölf Jahren in den Kopf gesetzt habe: ein Dichter, und ich habe unter anderm gelernt, daß die Welt, wenn man nichts von ihr will und sie nur still und aufmerksam betrachtet, uns manches zu bieten hat, wovon die Erfolgreichen, die Lieblinge der Welt, nicht wissen.«

Wie schon ab 1904 in Gaienhofen am Bodensee, begann sich seit Hesses Niederlassung in Montagnola allmählich eine Künstlerkolonie um das Dorf zu bilden. Immer mehr Kollegen kamen im Laufe der Jahre hierher, um sich, sei es sporadisch, sei es fest, hier anzusiedeln, oder auch nur, um in Montagnola begraben zu werden wie Bruno Walter. Im August 1920 kamen aus München Hugo Ball, der zeitkritische Begründer des Dadaismus, und seine Frau, die Poetin Emmy Hennings, aus Zittau die Märchendichterin Lisa Tetzner und ihr Mann, der Schriftsteller und Herausgeber der

*Vorderansicht der Casa Camuzzi.*

»Linkskurve«, Kurt Kläber, aus Bern der tragische Poet Hans Morgenthaler, aus Weimar der Buchgestalter Hans Mardersteig, der 1922 in Montagnola seine berühmte Officina Bodoni gründete. Es kamen Maler wie Karl Hofer, Hans Purrmann und Richard Seewald. Komponisten wie Eugéne d'Albert, Kulturhistoriker wie Karl Kerenyi, Philosophen wie Max Picard, Rudolf Pannwitz und Max Horkheimer ließen sich nach und nach hier oder in der näheren Umgebung nieder und machten das Tessin zu einer Wahlheimat der Avantgarde. Auch Thomas Mann erwog 1933, dort hinzuziehen.

Dabei war sich Hesse seines Bleibens in der Schweiz am Ende des ersten Jahres in Montagnola durchaus nicht sicher. Die beginnende Inflation ließ das Leben für ihn, der überdies für seine Frau und die drei Söhne aufzukommen hatte, so teuer werden, daß er zeitweise mit dem Gedanken spielte, entweder nach Italien, Österreich oder gar zurück nach Deutschland zu ziehen, der preiswerteren Lebenshaltung und der besseren Einkommensverhältnisse wegen. Er habe Löcher in den Schuhen und Strümpfen, deren Vater das Loch im Geldbeutel sei, klagte er damals, und wenn er einige Tage fleißig arbeite und in Deutschland hundert Mark dafür bekomme, seien das jetzt in der Inflationszeit acht Schweizer Franken. »Wir sind die Opfer Erzbergers und Scheidemanns, wie wir vorher die Opfer des Kaisers

waren«, schrieb er am 5.12.1919 an Emil Molt, der seine deutschen Einkommen verwaltete. »Vor einem Jahr, als der Kurs noch vier- bis fünfmal so hoch war, wurden wir Auslandsdeutschen von Berlin aus zum Hungertod verurteilt durch das absolute Geldausfuhrverbot – ich hatte damals die Erlaubnis vom Reich monatlich mit Familie sechzig Franken zu verbrauchen«; inzwischen habe sich wenig gebessert: »Hier kostet jedes Kind in Pension monatlich etwa 50 Mark!« Das änderte sich erst Mitte der zwanziger Jahre. Noch 1922 resümiert er in einem Brief an Ruth Wenger, sein deutsches Einkommen sei inflationär. In Franken sei es die Hälfte dessen, was in der Schweiz ein Straßenkehrer verdient. Dabei sei er, wie er Carl Seelig berichtet, »fleißig wie ein preußischer Industrieller mit Malen, Zeichnen und Schreiben, daß es nur so raucht.« Hätte er nicht ab November 1919 auf die mäzenatische Hilfe

seiner Freunde Georg Reinhart aus Winterthur sowie Alice und Fritz Leuthold aus Zürich zählen können, dann wäre ihm wohl nichts anderes übrig geblieben, als Montagnola aufzugeben. Georg Reinhart war es auch, der ihm für die kalte Jahreszeit ein elektrisches Öfchen senden ließ. Denn seine Wohnung war kaum zu beheizen, außer mit dem kleinen barocken Kamin, dessen Ausstrahlung freilich eher eine dekorative war. Um Holz zu sparen, hat Hesse ihn immer erst nachmittags angezündet, um dann bis zum Zubettgehen an den Quadratmeter vor seiner Öffnung gebunden zu bleiben. Zum Malen sei das nicht günstig, das Zimmer bleibe kühl, aber zum Lesen, Denken und Schreiben gehe es leidlich. Ein Brief vom 22.12.1919 an seine Schwester Adele gibt eine Vorstellung von den ersten vier Wintern, die er in der Casa Camuzzi verbrachte: »An allen Tagen, wo Sonne scheint, bin ich vom späten Aufstehen bis Mittag draußen. Ist es gut sonnig und windstill, so suche ich eine Ecke im Wald oder bei einer Kirchenmauer, wo ich skizziere, Briefe schreibe etc., andernfalls laufe ich spazieren und brachte bis vor kurzem meistens auch eine Rocktasche voll Kastanien mit, die man dann abends in der Asche braten kann. Um Mittag esse ich, was meine grauhaarige kleine Köchin gekocht hat, Reis oder eine Suppe oder Makkaroni, einen Apfel

*Der Autor des »Siddhartha«, 1922.*

und dann zünde ich nach Tisch zugleich mit der Zigarre auch das Feuerchen im Kamin an. Das brennt dann bis zum Abend, ich sitze davor und lege hie und da ein Scheit nach, Akazien-, Kastanien- und auch etwas Buchenholz, das sehr gut, aber teuer ist. Nach jetzigem Kurs würde der Zentner etwa soviel Mark kosten, wie ich in Tübingen als Gehilfe in einem Monat verdiene. An diesem Kamin, in den man auch einen Kessel für heißes Wasser stellen kann, ist es dann wunderbar warm, aber eben nur vor dem Kamin, so daß ich meist dort sitze, das Schreibzeug auf den Knien oder lesend.«

Die grauhaarige Köchin war die zwergenkleine, damals 51jährige Zugehfrau Natalina (Cavadini), die Hesse ab Oktober 1919 stundenweise den Haushalt führte und ihm bis zu ihrem Tod im März 1942 auch im späteren Haus beigestanden ist. »Ordnung machen, kochen, flicken und waschen«, schrieb er an Ludwig Finckh, »tut mir eine kleine alte Witwe aus dem Dorf, die jeden Morgen kommt. Sie kennt mein Bedürfnis nach Ruhe und hat Respekt vor mir. Nur etwa einmal im Monat muß ich lieb sein und sie etwa eine Viertelstunde von ihrem Nino erzählen lassen, ihrem verstorbenen einzigen Buben, der mit etwa zehn oder elf Jahren brav war wie ein Heiliger, stark wie ein Held, zeichnete wie Michelangelo, sang wie eine Nachtigall und jedermann bezauberte, obgleich er auf den Fotografien, die sie von ihm zeigt, nicht so aussieht.«

Kein Wunder, daß sich allmählich, nach vier durchfrorenen Wintern, bei Hesse rheumatische Beschwerden einstellten, die ihn dazu zwangen, seine Lebensweise zu ändern. Deshalb verbrachte er von 1923 bis 1932 die Monate November bis April teils in den Thermalquellen von Baden, teils zur Miete, zunächst in der Nähe seiner zweiten Frau Ruth in Basel und später in Zürich, bis seine dritte Ehe

mit Ninon Dolbin einen Umzug erforderlich machte in das künftige, gut beheizbare Haus, das ihnen 1931 die Züricher Freunde Elsy und H. C. Bodmer erbauen ließen und auf Lebzeiten zur Verfügung stellten.

Auch in der warmen Jahreszeit war sein Lebensstil so sparsam wie unbürgerlich. Noch immer paßte die 1911 für die Reise nach Ceylon und Sumatra angeschaffte Garderobe aus grobem Leinen. Viele Fotos aus den ersten Montagnoleser Jahren zeigen ihn darin, und so ist er auch den Bewohnern der Collina d'Oro in Erinnerung geblieben, wenn sie ihm morgens zwischen sieben und zehn Uhr mit Rucksack und Klappstühlchen unterwegs zu seinen Malausflügen begegneten.

*Hermann Hesse 1920 bei Ruth Wenger im Papageienhaus in Carona.*

Auf welche Weise die wohl fast zweitausend Aquarelle entstanden sind, die sein bildnerisches Werk umfassen, hat Emmy Ball-Hennings festgehalten. Auf dem Weg zum Einkaufen habe sie ihn unverhofft an einem Gehölz bei Agnuzzo entdeckt: »Der Dichter trug seinen weißen Tropenanzug, den er sich einmal für seine Indienreise besorgt hat. Die Knöpfe am Anzug sind, nebenbei bemerkt, indisches Geld, das er nicht alles hat ausgeben mögen. [Auch Elisabeth Rupp bemerkt in ihrer Erzählung »Malén und Eobar« diesen »Tropenanzug mit Knöpfen aus siamesischen Silbermünzen«]. Der große, leichte Sonnenhut beschattete das schmale Gesicht, das über das Bild auf der Staffelei hinweg in die Gegend von Bioggio gerichtet war. Schon hatte der Künstler sein Publikum. Aufmerksame Kinder umstanden im Hintergrund die Staffelei, und das eine flüsterte dem anderen ein andächtiges ›molto bello‹ zu. Ich fügte mich unmerklich zu den Kindern, sah zu, wie gemalt wurde. Die Schleierleichtigkeit eines warmen Junimorgens. Am Himmel schwebte eine schaumig weiße Wolke, die am Nachmittag Gewitter bringen konnte. Aber der Maler schien nicht geneigt, diese Wolke auf seinem Bild anzumerken. Es machte mir einen starken Eindruck, daß die Gewitterwolke vermieden, wenn auch nicht übersehen wurde. Mein Mann daheim konnte aufs Mittagessen warten. Man aß ja täglich zweimal, aber Hermann Hesse malen, dichten zu sehen, das gab es vielleicht nur einmal. An diesem Morgen kam er zu uns, kam nur ›guten Tag‹ zu sagen und blieb lange, bis ›eine Stunde hinter Mitternacht‹.

Selbstverständlich brachte er auch das Bild mit, das unschuldvolle Lied der sommerlichen Farben. Vielleicht hat es inzwischen jemand käuflich erworben. Denn der Dichter verkauft auch Bilder, die er malt, um für das, was er dafür an Geld einnimmt, die Not in den Kriegsländern zu lindern. Auf diese Weise teilt er nicht nur das Schöne, das geistige Brot, sondern auch das alltägliche, das der Mensch zum Leben bedarf. So können sich seine Freunde leicht am Wunder solcher Brotvermehrung beteiligen.«

*Beim Aquarellieren, um 1940.*

In den Wintern freilich, die Hesse ab 1923 wieder »in der Zivilisation« verbrachte, bot er ein ganz anderes Erscheinungsbild. Nur schweren Herzens, schreibt er in der Betrachtung »Herbst« (1926), ziehe er nach den Tessiner Sommermonaten »wieder einmal einen Kragen, eine Krawatte, eine Weste, einen Mantel an, um sich in solcher Verkleidung, der warmen Öfen wegen, ›in Europa‹ blicken zu lassen.« Das war die Mimikry des »Steppenwolfs«, der in Zürich Tanzstunden nahm und Maskenbälle besuchte, um »aus dem verbissenen Einsiedler Hesse ein gutes, dummes und etwas vergnügtes Vieh zu machen«. Denn es sei ihm leider nicht gegeben, konsequent und charaktervoll auf endgültigen Gesinnungen zu beharren.

Dieser nicht selten abrupte Wechsel von Urbanität und Einsiedlertum, von aktivem und kontemplativem Leben, zeitkritischem Engagement und meditativer Weltverleugnung kennzeichnet sein ganzes Leben wie auch das antagonistische Klima seiner Bücher. In der 1923 geschriebenen »Psychologia Balnearia« (Kurgast) nennt er die Gründe: »Ich habe das Unglück, daß ich mir selber stets widerspreche. Die Wirklichkeit tut das immer, bloß der Geist tut es nicht und die Tugend tut es nicht. Zum Beispiel nach einem scharfen Marsch im Sommer kann ich vom Verlangen nach einem

Becher voll Wasser völlig besessen sein und Wasser für das wunderbarste Ding in der Welt erklären. Eine Viertelstunde später, wenn ich getrunken habe, ist nichts auf Erden mehr so uninteressant wie Wasser und Trinken. Ebenso wie ich zwischen Essen und Fasten, Schlafen und Wachen beständig abwechseln muß, muß ich auch zwischen Natürlichkeit und Geistigkeit, zwischen Erfahrung und Platonismus, zwischen Ordnung und Revolution, zwischen Katholizismus und Reformationsgeist beständig hin und her pendeln. Daß ein Mensch immer Revolutionär und niemals Konservativer sein kann oder umgekehrt, das scheint mir zwar sehr tugendhaft, charaktervoll und standhaft, aber es scheint mir auch ebenso fatal, als wenn einer immerdar essen oder immer nur schlafen wollte.«

Doch die Konzerte, die er nun wieder hören, die Ausstellungen, Bibliotheken und Freunde, die er in Basel und Zürich besuchen konnte, waren nur ein notdürftiger Ersatz für die Lebens- und Arbeitsintensität der warmen Jahreszeit. Die kulturellen Sensationen der Stadt konnten es nicht aufnehmen mit den unschuldigeren Reizen des Tessin, seinen »halb heidnischen Wald- und Feldkapellen, ihrem bröckelnden Verputz und den zartfarbigen Resten alter gemalter Engel unter den Kirchendächern aus rohen Gneisplatten«. Und was war die Wärme aller Zentralheizungen verglichen mit dem Klima im abendlichen Kastanienwald, worin »die eingefangene Wärme des Tages wie Honig hängt«?

Auch all den Einladungen zu Dichterlesungen, die er meist nur akzeptierte, wenn sie sich mit Besu-chen bei seinen Verwandten in Württemberg und Freunden verbinden ließen, kam er bevorzugt in den Herbst- und Wintermonaten nach. Er unternahm diese Exkursionen zu öffentlichen Auftritten, um »wieder einmal die Drehorgel zu spielen«, nicht sonderlich lustbetont, wie wir aus der »Nürnberger Reise« wissen, und nur bis zu Beginn der dreißiger Jahre, weil es ihm eigentlich widerstrebte »den berühmten Mann zu spielen und den Leuten für Geld vorzusingen« (am 31.1.1922 an seine Schwester Narulla). Denn diese Leseabende seien charakteristisch für den Personenkult und Eitelkeitsmarkt, den wir statt wahren Künstlertums hätten. Das Publikum

*Hermann Hesse um 1923.*
*Photo: Gret Widmann.*

kannte er ja zur Genüge, teils durch die massenhafte Briefpost, teils durch die vielen Besucher. Seinerseits Kollegen aufzusuchen und »über Kunst zu schwatzen«, hatte er kein Bedürfnis, zumal viele von ihnen ohnehin nach Montagnola kamen, darunter Max Brod, Bertolt Brecht, Martin Buber, Richard Huelsenbeck, Klabund, Annette Kolb, Thomas Mann, Romain Rolland, René Schickele, Ernst Toller, Jakob Wassermann, Stefan Zweig und viele andere. Die liebste Gesellschaft in Montagnola war ihm der Umgang mit gleichgesinnten Kollegen und Nachbarn wie Hugo Ball und seiner Frau Emmy Ball-Hennings. Bei Hugo Ball, dem Verfasser der »Kritik der deutschen Intelligenz«, gab es keine politischen Meinungsverschiedenheiten und Mißverständnisse. Ihn versuchte Hesse, der damals kaum selbst über das Existenzminimum verfügte und noch von Mäzenen abhängig war, auf jede Weise zu stützen, um ihm das Leben im Tessin zu ermöglichen. »Ich habe«, schrieb er am 9.9.1922 an seinen Gönner H.C. Bodmer, »nun einen Freund gefunden, den Fabrikanten Wenger aus Delsberg, der bereit ist, teilweise, sagen wir zur Hälfte, für die Kosten aufzukommen, um Herrn und Frau Ball zunächst für ein Jahr ein einfaches Leben hier zu ermöglichen. Wäre es möglich, lieber Herr Bodmer, daß Sie dabei mittun und zunächst für ein Jahr die zweite Hälfte aufbringen würden? Sie täten damit nicht bloß mir und den beiden Balls, sondern auch der Menschheit einen Dienst, denn diese Menschen gehören zu den paar geistig wertvollsten unserer Zeit. Für mich kommt ein egoistisches Motiv hinzu: natürlich läge mir ungeheuer viel daran, diese für mich so wertvollen, lieben und geistvollen Menschen in der Nähe behalten zu dürfen.« Daraufhin sandte H. C. Bodmer kommentarlos fünftausend Franken, was den beiden zwei weitere Jahre im Tessin ermöglichte. Daß Hugo Ball 1927 die erste und bisher unübertroffene Hesse-Biographie schreiben würde, konnte er damals noch nicht wissen. Und als dieser Kollege schon mit 41 Jahren, kurz nach Vollendung des Buches an einem Krebsleiden starb, war Hesse schwer getroffen. In »Narziß und Goldmund« hat er ihn dankbar und dauerhaft über den Tod hinaus lebendig gehalten.

Unter den vielen Besuchern, die Hesse in der Casa Camuzzi aufsuchten, waren auch immer wieder Frauen, die sich, noch während seiner problematischen zweiten Ehe mit Ruth Wenger und nach deren Lösung 1927, Hoffnung auf eine Liaison mit dem bindungsscheuen Dichter machten. Die ausdauerndste von ihnen war Ninon Dolbin, verheiratet mit dem namhaften Karikaturisten B. F. Dolbin, der viele deutsche Blätter, u.a. auch »Die literarische Welt« mit Portraitzeichnungen bekannter Persönlichkeiten, seinen sogenannten Kopfstenogrammen versorgte. An Hesse hatte diese Tochter eines jüdischen Anwalts aus Czernowitz bereits seit ihrem sechzehnten Lebensjahr gelegentlich Briefe geschrieben. Im März 1926 suchte sie ihn erstmals in seinem Züricher Win-

terquartier am Schanzengraben auf, um sich künftig, trotz seines Widerstandes, nicht davon abbringen zu lassen, ihm unersetzlich zu werden. Hesses Versuch, mit Ruth Wenger »die Möglichkeit einer Ehe ohne bürgerliche Form« zu erproben, war inzwischen gescheitert. Ruths Tuberkulose, die sie während der Sommer 1925/26 zu monatelangen Liegekuraufenthalten zwang, erlaubte offenbar nur in den Wintern eine gewisse Nähe zu Hesse. Aber die wenigen Monate, die sie in Basel, in getrennten Wohnungen, gemeinsam verbrachten, erwiesen sich als so unbefriedigend, daß Ruth ab Januar 1927 die Scheidung betrieb. Genau in diesen Wochen, als Hesse soeben das »Steppenwolf«-Manuskript abgeschlossen und sich für einige Tage erschöpft zu den Schwefelquellen nach Baden zurückgezogen hatte, tauchte Ninon Dolbin auf. Sieben Wochen später besuchte die damals 32jährige ihn abermals kurz in Zürich, um ihm im

*Beim Bebildern seiner Gedichtshandschriften, um 1942. Photo: Martin Hesse.*

April nach Montagnola zu folgen. Entschlossen, von nun an in seiner Nähe zu bleiben, nahm sie Quartier in einem Gasthof. »Momentan ist eine Frau aus Wien da«, schrieb Hesse Anfang April an den befreundeten Maler Ernst Morgenthaler, »die plötzlich hergereist kam, weil sie mich gern hat, aber obwohl sie mir gefällt und ganz lieb ist, kann ich nichts mit ihr anfangen, und stehe der dramatischen Lage ohne allen Humor gegenüber.«

Doch die studierte Kunstgeschichtlerin, die sich als ausgezeichnete Kennerin seines Werkes und überdies als talentierte Vorleserin erwies, verstand es, sich dem augenleidenden Dichter bald schon so nützlich zu machen, daß er sich nicht mehr dagegen sträubte, als sie kurz darauf im gegenüberliegenden Flügel der Casa Camuzzi die Parterrewohnung bezog, um sich zu fest fixierten Tageszeiten mit ihm zu treffen. »Eine Symbiose ist es natürlich nicht«, schrieb Hesse am 25.7.1927 an Helene Welti, »sie wohnt im Nebenhaus und ißt im Restaurant, aber sie ist doch da, und damit ist diesmal mein hiesiges Einsiedlerleben etwas verändert.«

Ninon blieb fünf Monate lang in Montagnola und ist Hesse im Verlauf der nächsten Jahre, die im Juli 1931 zu ihrer Scheidung von B. F. Dolbin führten, so unentbehrlich geworden, daß er sie nach langem Widerstreben im November 1931 heiratete. Es war seine letzte und geglückteste Ehe, die jedoch seinem Aufenthalt in der Casa Camuzzi ein Ende setzte. Denn für poetische Zigeunerwirtschaft hatte diese Tochter aus großbürgerlichem Hause durchaus keinen Sinn.

So war es auch für Ninon ein Geschenk des Himmels, als Hesses Züricher Freunde Elsy und H.C. Bodmer ihnen im April 1930 anboten, in Montagnola ein neues Haus zu errichten, worin sie lebenslanges Wohnrecht erhalten sollten. Den praktischen Teil dieser Unternehmung nahm denn auch Ninon in die Hand, um den Dichter so gut wie möglich zu entlasten. Und als dann im Juli 1930 oberhalb des Dorfes, in Sichtweite der Casa Camuzzi, der Bauplatz gefunden und das Haus nach neun Monaten Plackerei im Mai 1931 schlüsselfertig dastand, war ihr eine weitere Bewährungsprobe geglückt. Doch immer noch bedurfte es der sanften Nachhilfe Elsy Bodmers, bis Hesse seinen Horror vor einer neuen Ehe überwand und sich allmählich mit dem Gedanken befreundete, das Verhältnis mit Ninon zu legalisieren. Im Juni 1931 fand der Umzug statt.

Wie oft bei solchen Zäsuren, hatte es auch diesmal Vorboten gegeben, welche die Veränderungen der Lebensumstände erleichterten. 1927 hatte ein Sturm den alten Judasbaum vor seinem Camuzzi-Fenster entwurzelt. Die Betrachtung »Klage um einen alten Baum« ist ein wehmütiger Nachruf auf diesen exotischen Riesen. Aber bei diesem einen Abschied ist es nicht geblieben. Als Hesse drei Jahre später von seinem Züricher Winterquartier wieder zurück nach Montagnola kam, gab es erneut unliebsame Überraschungen: »Die Ankunft war nicht schön und recht sonderbar, beinah unheimlich«, schrieb er am 26.5.1930 seinem Sohn Bruno, »als ich in meine Wohnung wollte, war die Haustür nicht mehr da, statt ihrer ein Fenster. Die Tür war verlegt worden. Und oben in meinem Studio war es so sonderbar anders als sonst, so kahl und hell und da sah ich, daß Klingsors große Magnolie vor dem Balkönchen umgehauen war. Seither, obwohl ich Wohnung und Haus noch immer sehr gern habe, fällt der Gedanke an eine Änderung mir leicht.« Die beiden Bäume, derentwegen er hauptsächlich die Casa Camuzzi bezogen hatte und in deren Laub Balkon und Wohnung verborgen waren wie der Horst eines Vogels, waren verschwunden, der Paradiesgarten entzaubert. Nicht ohne Wehmut nahm Hesse nun Abschied von der Casa Camuzzi, die ihm zwölf Jahre lang Heimat gewesen war. Nochmals malte er das alte Gemäuer mit all seinen verwinkelten Perspektiven in einer Serie von Aquarellen und schrieb unter dem Titel »Beim Einzug in ein neues Haus« eine Retrospektive über alle Häuser, »welche in früheren Epochen meines Lebens mir Obdach geboten und mein Leben und meine Arbeit beschützt haben«. Mit einem liebevollen Nachruf auf die Casa Camuzzi klingt sie aus.

Mit dem Umzug aber war Hesses Verhältnis zu seiner »Klause Malepartus«, wie er die alte Wohnung nannte, durchaus noch nicht beendet. Das Zeitalter des Nationalsozialismus zeichnete sich ab, und kaum zwei Jahre später kamen die ersten Emigranten. Soweit sie nicht im neuen Haus untergebracht werden konnten, sorgte er dafür, daß sie in der Casa Camuzzi Unterschlupf fanden, besonders die komplizierteren Fälle, die für längere Zeit Hesses Rat und Nähe suchten.

Im Mai 1933 kam der junge Dresdner Maler Gunter Böhmer, der in Berlin bei Emil Orlik und Hans Meid studierte, und bezog in der Casa Camuzzi eine Mansardenwohnung. Hesse verschaffte dem 22jährigen, der ihm seit zwei Jahren zauberhafte Bilderbriefe geschrieben hatte, erste Illustrationsaufträge für Bücher; zuerst im Stuttgarter Verlag seines Onkels David Gundert, später bei seinem eigenen Verleger S. Fischer in Berlin. Gunter Böhmers einzigartige Karriere als Buch- und Umschlaggestalter nahm damit ihren Anfang.

1937 kam der junge Schriftsteller Peter Weiss. Auf der Flucht vor den Nazis in die Tschechei emigriert, hatte er alles von Hesse gelesen und sich mit dem »Steppenwolf« so sehr identifiziert, daß er an den »verehrten Herrn Hesse« schrieb und ihm, wie unzählige andere, ein erstes Manuskript mit Geschichten, Bildern und Gedichten zusandte. Wie Hesse in seinem frühen Prosabuch »Hermann Lauscher« (das soeben mit Illustrationen von Gunter Böhmer neu erschienen war), trat er in diesem Manuskript »Die Insel« als Herausgeber eines fiktiven Poeten Skruwe auf und vermerkte mit einer Anspielung auf Hesses Märchen »Die Morgenlandfahrt« (1931) auf dem Titelblatt: »Mit freundlicher Genehmigung des Bundes-Archivs«. Hesses Antwort vom 21.1.1932 zeigt, daß er das Talent von Peter Weiss sofort erkannte, wenn ihm auch die Zeichnungen des damals 20jährigen eigenständiger vorkamen als seine literarischen Anfänge, die er noch für zu stark von sich selbst beeinflußt hielt. »Begabung haben Sie ohne Zweifel, sowohl als Dichter wie als Maler«, schrieb er ihm damals. »Ihre Zeichnungen scheinen mir schon reifer und selbständiger zu sein als das Geschriebene. Ich könnte mir denken, daß Sie als Zeichner rascher fertig werden und auch Anerkennung finden, denn als Dichter«. Neben einer kritischen Analyse des Textes mündet der Brief in den Vorschlag, Peter Weiss möge doch dem Nachfolger seines verstorbenen Verlegers S. Fischer einige Proben seiner Zeichnungen als Muster für Buchumschläge oder Illustrationen zusenden und könne sich dabei gern auf Hesses Empfehlung berufen. »Er war der erste Mensch«, erinnerte sich Peter Weiss 1974, »der mich in meiner Tätigkeit ernst nahm und auf meine Probleme einging«. Im Sommer 1937 kam auch er nach Montagnola und wurde für sechs Wochen in der Casa Camuzzi untergebracht, bevor ihn Hesse (durch seinen nach Prag emigrierten Schriftstellerfreund Max Barth) zu Professor Willi Nowak an die Prager Kunstakademie vermitteln ließ. Ein Jahr später, in Begleitung von Robert Jungk und Hermann Levin-Goldschmidt, wiederholte Peter Weiss seinen Aufenthalt in Montagnola. Er wohnte diesmal einige Monate lang in der Casa Camuzzi und danach bis Oktober 1938 im benachbarten Dorf Carabietta, direkt am Ufer des Luganer Sees. Um finanziell »zu helfen, ihn über die Monate seiner Schweizer Aufenthaltsbewilligung durchzubringen«, gab Hesse ihm den Auftrag, für einen seiner Mäzene zwei seiner Erzählungen zu illustrieren, deren Publikation 1974 und 1977 Peter Weiss noch erlebt hat.

*Der Maler Gunter Böhmer 1934 in seinem Casa Camuzzi-Atelier. Federzeichnung von G. B.*

Sowohl der später als Maler und insbesondere als Buchillustrator berühmt gewordene Gunter Böhmer wie auch Peter Weiss, der vor allem als Dramatiker (»Die Verfolgung und Ermordung Jean Paul Marats«, »Die Ermittlung«, »Viet Nam-Diskurs«) internationales Aufsehen erregen sollte, haben später stets dankbar ihrer Anfänge in der Casa Camuzzi und des fördernden Umgangs mit Hermann Hesse gedacht. Gunter Böhmer hat das verwunschene Schlößchen ab 1939 als festen Wohnsitz bezogen und bis zu seinem Tod 1986 darin gehaust. Von seinen Erlebnissen mit Hesse, ob sie sich nun in Böhmers Camuzzi-Atelier oder im Haus des Dichters zugetragen haben, erzählen seine lesenswerten Berichte. (Im zweiten Band der Dokumentation »Über Hermann Hesse«, dem Sammelband »Hermann Hesse in Augenzeugenberichten« und in dem Buch »Gunter Böhmer – Hermann Hesse. Dokumente einer Freundschaft«).

Einen zusätzlichen Reiz bekam das ehemalige Domizil für den Dichter, als 1944 der Maler Hans Purrmann (1880-1966) in die Casa Camuzzi einzog. Dieser in Deutschland als ›entarteter Künstler‹ verfolgte, genialste Schüler von Henri Matisse war nur drei Jahre jünger als Hesse selbst und wurde ihm bald zu einem stets willkommenen Nachbarn und Gesprächspartner. Gemeinsam verbrachte man die Weihnachts- und Geburtstage, und noch am 2.5.1962, in seinem letzten, an Hesse gerichteten Brief schrieb der damals bereits weltweit bekannte Maler, dessen expressive Bilder mit ihrer beschwingten und unverwechselbaren Handschrift etwas Fröhliches und Lebensbejahendes ausstrahlen: »Ihr Gestalten mit Worten möchte ich mit Farben ebenso können. Man sagt mir, daß ich mit diesen ein Paradies

*Hermann Hesse mit den Malern Hans Purrmann und Gunter Böhmer (stehend), von dem diese Rohrfederzeichnung stammt.*

schaffe, und weiß nicht, wie auch das so schwer zu tragen ist und oft von mir gar nicht so schön gefunden wird.«

In immer neuen Variationen hat Hans Purrmann Hesses ehemaliges Balkonzimmer in der Casa Camuzzi mit dem barocken Spiegel über dem kleinen Kamin gemalt, als dankbare Referenz an seinen Vorgänger »Klingsor« und dessen van Goghsches Selbstportrait. Im Dezember 1953, nach einem seiner Besuche in Purrmanns Atelier, als dieser seinerseits an einem Selbstbildnis arbeitete, schrieb und widmete ihm Hesse das Gedicht »Alter Maler in der Werkstatt«, das mit den Zeilen endet: »Vom edlen Spiel besessen,/Malt er, als wären's Luft, Gebirg und Bäume/Malt er gleich Anemonen oder Kressen/Sein

Bildnis in imaginäre Räume,/Um nichts besorgt als um das Gleichgewicht/Von Rot und Braun und Gelb, die Harmonie/Im Kräftespiel der Farben, das im Licht/Der Schöpferstunde strahlt, so schön wie nie.«

Durch Hans Purrmann und Gunter Böhmer, der ein Stockwerk über diesem die Casa Camuzzi bewohnte, blieb Hesse bis zu seinem Lebensende mit der »noblen alten Ruine« verbunden, die ihm die liebste von allen seinen Behausungen war, weil sie am besten zu ihm paßte. So wundert es nicht, daß sein Nachruf auf diese Eremitage der Jahre 1919 bis 1931 ausklingt mit den Worten: »Wäre ich in meiner Einsamkeit geblieben, hätte ich nicht nochmals einen Lebenskameraden gefunden, so wäre es wohl nie dazu gekommen, daß ich das Camuzzihaus wieder verlassen hätte.«

*Das Atelier des Malers und Schriftstellers Peter Weiss in der Casa Camuzzi, 1937 von ihm selbst gezeichnet.*

93

## Zu einem Aquarell
## Hermann Hesses

So wenig man Goethes Zeichnungen auch nur erwähnen würde, stammten sie nicht von ihm, so wenig würde man ein Wort über Hesses Bilder verlieren, wäre ihr Produzent irgendein namenloser Amateur. Einzig im Bereich eines anderen Werkes, diesenfalls eines literarischen, fällt etwas von dessen Glanz auch auf die »Nebenerzeugnisse«, die dergestalt tatsächlich in den Stand einer Zeugenschaft erhoben werden.

Ich hingegen will von Hesses Zeichnungen, insbesondere von einem Aquarell sprechen, ohne es in Beziehung zum Gesamtwerk zu setzen. Es handelt sich dabei um den »Blick auf das Seetal« vom Juli 1931, ein Bild, das mir beim ersten Anblick seit meiner Kindheit bekannt schien. Beim Nachdenken, woher dieses Bekanntheitsgefühl rühren mochte, fielen mir die illustrierten Bücher meiner Frühzeit ein. Und ich erinnerte mich der Faszination, die mir Illustrationen verursacht hatten, vor allem aus dem berühmten »Auerbachs Kinderkalender« oder die ebenso zartfarbigen aus Andersens und Grimms Märchen, über denen eine gleichartige Friedlichkeit lag wie über dem »Seetal«, welches man, mit Hesses Blatt in der Hand, heute wohl kaum wiederfinden würde. Der Märchencharakter des Aquarells ist offensichtlich; gemeint ist

eine angstfreie Heiterkeit, eine geruhsame Stille, ein Mangel an ästhetischer Spannung und – ich sage es ungern – eindeutige Gemütlichkeit. Gemütlichkeit im Sinne von Gemüt, mit dem Hesse so offenkundig zu Werke gegangen ist. Während die klassischen Maler der Romantik das Moment der Melancholie, auch der zur Romantik gehörigen »Düsternis am Ende aller Dinge« zumindest angedeutet haben, ist dieses Aquarell (und nicht nur dieses) von aller Schwere und irdischen Widersprüchlichkeit gereinigt, wie wir es auch von den Märchen gewohnt sind, die so auszugehen pflegen, wie es auf Hesses Zeichnungen aussieht. Sie bilden eine Wunschwelt ab, in welcher die Zeit zum Stillstand gekommen ist, in der die Zufriedenheit der Glücklichen herrscht, die immer weiterleben, weil sie nicht gestorben sind, ja, weil sie gar nicht sterben können, da sie ohnehin pure Fiktionen waren.

In Bilder dieser Sorte igelte ich mich ein, ich kroch förmlich in diese Ansichten, auf denen Menschenleere vorherrschte – übrigens ein wesentliches Moment für die Illusion solcher Fluchtbilder. Und ich denke beim »Blick auf das Seetal« ebenfalls an das Blochsche Verdikt, daß Heimat dort sei, wo wir noch niemals gewesen wären. Hesses »Seetal« ist solch ein Heimatbild, das man sehnsuchtsvoll betreten möchte, um endlich, endlich in eben jenen Bereich zu gelangen, wo der Ausnahmezustand der Furchtlosigkeit, der Friedfertigkeit, der ungestörten und unstörbaren Harmonie besteht. Es sind ja oftmals nicht die großen Gemälde, die bildnerischen Visionen, die diese Emotionen in uns wecken, sondern vielmehr die kleinen,

beiläufigen Hervorbringungen, an denen wir den Zustand unserer eigenen Unseligkeit erkennen. Vermutlich ist nur die unerschütterliche Naivität eines Laien, eines Autodidakten fähig, jenseits aller kunstgeschichtlichen Last, Verlockungen aufs Papier zu tuschen, die uns anrühren und die wir nur darum »kitschig« nennen, weil uns das Angerührtsein als unwürdig und trivial ausgetrieben worden ist. Ich bin von dem »Blick auf das Seetal« angerührt, und ich werde mich dafür nicht einen Augenblick lang schämen.